상실을 이겨내는 기술

상실을 이겨내는 기술

가이 윈치 지음 — 이경희 옮김

생각정거장

이 책은 상처와 슬픔이 당신에게 드리운

그림자를 걷어내고,

마음을 보송보송하게 만들려는

하나의 노력이다.

TED.com 강연에서의 가이 윈치

상실의 고통은 젊은
베르테르만의 것일까?

사람은 어떤 슬픔도 다 정복할 수 있다.
자신에게 닥친 것만 빼고

– 윌리엄 셰익스피어, 《헛소동Much Ado About Nothing》

갑작스레 찾아온 이별은 마치 허리케인처럼 우리를 무너
뜨린다. 불길한 징조를 발견하고 이별을 미리 예견할 때도
있지만, 그래도 이별이 전하는 충격에 익숙해지긴 어렵다.
대화 중에 갑자기 불쑥 꺼낸 말이든 뜻밖의 시간에 받는 문
자메시지든 이별 통보는 똑같이 잔인하다. 어떤 형태로 오
든 이별은 거센 폭풍우와 같고, 그것이 남긴 상처는 우리의

존재와 확신을 세차게 흔들어놓는다. 이별의 차가운 빗줄기는 당신이 유능한 주식 브로커든 헌신적인 부모든 열정적인 예술가든 신경 쓰지 않는다. 갑자기 내리는 소나기에 우리는 흠뻑 젖어 추위에 몸서리치게 된다.

한바탕 소나기가 지나고 나면 우리는 고통의 정서에 물든 색안경으로 세상을 보게 된다. 먹구름이 절대 걷히지 않을 거라는 두려움도 느낀다. 진짜 허리케인과 달리 이별에는 고요한 눈(태풍의 중심부는 맑고 바람이 없는 고요한 상태를 유지하는데 이를 태풍의 눈이라고 한다)이 없다.

사실 이런 감정은 특별할 게 없다. 대부분 직접 느껴보았거나 책이나 영화로 많이 접했기에 익숙할 것이다. 사람들은 살아가면서 한 번쯤 낭만적인 사랑을 하고 상실을 겪는다. 반드시 연인과의 사랑이 아니어도 우리는 사랑의 시작과 끝을 반복하며 살아간다. 이별이 이토록 흔한 이벤트라는 걸 생각하면, 우리가 그로 인한 상처를 치유하는 데 이토록 서툴다는 것이 놀라울 따름이다. 더 놀라운 것은 이별의 고통에 대응하는 사회의 태도다. 이별의 절망이 개인에게 미치는 충격이 얼마나 큰지 다들 인정하면서도, 사회는 이를 대체로 경시하며 무시한다.

우리는 젊고 순진한 사람, 경험이 부족한 사람이나 이별의 슬픔을 겪는다고 생각하는 경향이 있다. 젊은 베르테르의 방황 정도로 치부하는 것이다. 그리고 좌절이 있을지라도 어른이라면 마땅히 성숙한 자세로 임하기를 기대한다. 시간이 지나면 점차 가슴 아픈 실연은 실패한 야구게임이나 엎질러진 우유와 비슷한 정도의 심각함으로 취급된다. 하지만 막상 당신에게 갑작스러운 이별이 닥치면 생각이 달라질 것이다.

그때가 되어서야 당신은 이별의 상처가 나이가 어릴 때나 많을 때나 똑같은 강도로 아프다는 걸 체감할 것이다. 가슴 아픈 이별은 사람을 가리지 않고 똑같은 정서적 고통을 유발하며 똑같은 방식으로 사고와 기능을 악화시킨다. 게다가 나이를 어느 정도 먹은 성인이라면 어릴 때 받던 이해와 격려와 공감도 제대로 받지 못해 더욱 안타까운 상황이 될 수 있다.

이별의 고통을 경시하는 경향 때문에 '마음이 아프다'라는 말 자체가 갖는 의미도 퇴색되었다. 우리가 '마음이 아파'

라고 말할 때는 주로 가장 좋아하는 야구팀이 중요한 시합에서 지거나, 할머니로부터 물려받은 크리스털 화병이 손에서 미끄러져 산산조각이 나거나, 좋아하는 영화 속 히어로의 손이 초능력 슈트에 닿을 듯 닿지 않는 안타까운 장면을 볼 때다. 그렇지만 그저 실망스러운 기분과 마음이 정말 아플 때 느끼는 고통을 혼동하는 사람은 없을 것이다.

정말 마음이 무너지는 이별을 한 사람을 알아보기란 쉽다. 그는 정신은 물론 몸으로도 고통을 겪는다. 다른 일은 아무것도 생각할 수 없고 관심도 두지 않는다. 그리고 엄청난 슬픔과 상실로 말미암아 멍하니 앉아 있는 일 외에는 아무것도 할 수 없다고 느낀다.

우리는 다양한 경험과 이유로 마음이 부서지는 듯한 고통을 경험한다. 그러나 이 책에서는 서로 공통점이 많은 두 가지 마음의 고통에 관해 이야기하려 한다. 하나는 연인과의 이별로 인한 고통, 다른 하나는 소중한 반려동물의 죽음으로 인한 고통이다.

이 두 가지 고통에 집중한 이유는 따로 있다. 상실을 겪는 당사자가 누구보다 외로운 상황에 빠지게 되기 때문이다. 당사자는 여느 이별을 겪는 사람과 다름없이, 아니 오히려 더 복잡하고 극심한 종류의 슬픔을 겪지만, 이들의 고통은 종종 타인과 사회로부터 경시된다. 연인과 헤어지거나 키우던 고양이가 죽는 일은 이혼이나 가족의 사별만큼 심각하게 받아들여지지 않기 때문이다. 따라서 이처럼 '공식적으로 애도가 허락되는' 상실을 겪는 게 아니라면 마음의 고통을 표현하기도 어려워진다.

부모와 자녀나 형제자매의 죽음을 겪은 사람에게 우리는 개인뿐 아니라 단체로 지원과 공감을 보내곤 한다. 사장은 직원의 부모가 돌아가시면 애도와 공감을 표하고 장례휴가를 제공한다. 그러나 직원의 반려견이 죽었을 때 애도와 공감과 장례휴가를 제공하는 사장은 흔하지 않다. 이혼과정에 있는 직원이 활력 없이 회사 생활을 한다면 상사는 안타까워하며 이해할 것이다. 그러나 짧고 불같았던 연인과의 이별로 힘들어한다면 진정한 공감을 받기는 어려울 것이다.

설상가상은 지금부터다. 우리는 다른 사람들로부터 공감과 지지를 받지 못하면 곧 자신을 문제 삼게 된다. 정말 많은 사람이 정서적 고통으로 견디기 힘들 때도 자신의 나약함을 자책하며 더 크게 고통스러워한다. 어떻게든 평정심을 잃지 않아야 하고, 계속 앞으로 가야 한다는 잘못된 믿음 때문이다. 매우 끔찍한 일이 일어나고 있는데도 우리는 평소처럼 제 역할을 해야 한다는 믿음 말이다.

그러나 여러 연구에서 다음과 같은 사실이 밝혀지고 있다. '마음의 고통은 극적이고 예상치 못한 방식으로 뇌와 행동에 악영향을 미친다. 나이에 따른 차이는 없다'

가장 안타까운 현실은 이것이다. 슬픔에 대항해 우리가 행하는 소위 '자연스러운' 대처가 종종 해로울 수 있다는 것이다. 마음의 고통을 극복하기 위해 우리가 보통 취하는 행동과 습관들은 고통을 고착화하고 상처 회복을 늦추며 정신 건강에 해를 입히기 쉽다. 안타깝게도 대부분은 그 행동이 무엇인지, 어떻게 하면 그 행동을 피할 수 있는지 전혀 모른다. 그리고 그게 이미 몸에 배어 있다면 어떻게 거기에서 벗어날 수 있는지도 모른다. 다행히 이와 관련된 연구에서는 마음의 상처를 빠르게 치유하는데 사용할 수 있는 효과적인 방법을 밝혀내고 있다. 그러나 우리는 그 방법 또한 알지 못한다.

20년 이상 심리치료사로 살아온 내 앞에는 의자가 하나 있다. 더 정확히 말하면 안락의자다. 마음의 상처로 고통받는 수백 명의 사람이 그 의자에 앉아 마음 건강을 회복하기 위해 애썼다. 나는 다양한 사람들이 모이는 뉴욕에서 일하며 여러 다른 인종·문화적 배경, 나이, 성 정체성을 가진 환자들을 만날 수 있었다. 그렇지만 고통에는 국적도 성별도 없었다. 개인의 문화 배경 차이는 고통 외적인 반응에 영향을 줄 수는 있지만, 내적으로 겪는 고통과 고뇌는 사람마다 똑같았다.

많은 심리학자가 그러하듯 나도 사람들의 감정과 정신의 고통을 덜어주고자 하는 의지로 심리학 분야에 발을 디뎠다. 하지만 나는 학교에서 마음의 비통함을 치유하는 법에 대해 제대로 배운 적이 없었다. 그래서 나는 이해와 조언을 얻기 위해 여러 학술지를 파고들었다.

다행히 많은 연구자들이 비통함을 연구해오고 있었다. 비록 딱딱한 학술 용어로 쓰여 있었지만, 사랑하는 존재의 상실로 힘든 이들이 다친 마음을 회복하는데 쓸 유용한 방법을 알게 되었다. 나는 그 연구 결과물 중에 가장 좋은 것들을 이 책에 밝혀놓았다. 또한, 그 방법으로 비통함을 치료했던 분들의 이야기, 아픈 마음을 공감받지 못한 분들의 분투, 나와 함께 한 치유 과정까지 모두 담았다.

이 책은 마음의 상처에 드리운 그림자를 걷어내고, 마음을 보송보송하게 만들려는 하나의 노력이다.

마음의 상처는 치유되기까지 분명 어느 정도의 물리적 시간이 필요하다. 그러나 곧 알게 되겠지만 얼마나 많은 시간이 걸릴지는 이제 당신 손에 달려있다.

작가의 말

나는 수많은 환자와 만나며 관찰한 사례를 이 책에 실었
다. 그러나 책에 나오는 환자들, 모든 사람과 반려동물의
이름은 가명이다.

이 책에서 펼친 내 주장은 주로 맹검 방식의 동료 평가
절차(blind peer-review, 논문을 비롯한 학문 연구에서 같은 분야의 전문
가들이 심사할 때 저자가 누구인지 모르는 채로 논문을 심사하는 방법)
를 거쳐 최고의 학술지에 발표된 연구 결과를 바탕으로
했다. 참조한 논문과 자료는 참고문헌에 밝혀두었다.

1

슬픔을 인정받지 못하는 사람의 슬픔
실연과 반려동물의 죽음

●●●

사회로부터 고통을 인정받지 못하는 사람들은 사회
의 둔감하고 무지한 인식을 그대로 내면화하게 된다.
사회가 들이미는 기준이 그들의 감정과 모순되더라
도 그들은 감정을 억누르거나 숨겨야 한다는 강박을
느낀다.

사랑의 상실을 경험해 본 사람이라면 알 것이다. 부서지는 마음. 마치 다른 세상에 있는 듯한 비현실감. 아무 일도 없는 듯 살아가는 주변 사람들. 그리고 그들과의 단절감.

이때 가장 두드러지는 것은 감정적 고통이다. 사실 비통함이 무엇을 의미하는지 제대로 알고자 한다면 이 고통을 함께 이해해야 한다. 비통함과 감정적 고통은 사실 동의어나 마찬가지다. 비통함의 이야기가 곧 감정적 고통의 이야기이기 때문이다.

감정적 고통을 겪는 환자를 만나면 그들 곁의 내 마음도 늘 함께 아프다. 전문의로서 굳은 마음을 먹으려 애쓰지만, 그러한 노력은 원초적일 정도로 고통스러운 얼굴을 마주할 때 종종 실패한다. 어쩌면 나는 일부러 실패하는 것일 수도 있다. 상심에 완전히 사로잡힌 사람과 마주하면 나는 그들의 고통을 눈으로 보기 전에 먼저 느낀다. 안타깝게도 그들 주변의 많은 사람은 그렇지 않을 것이기 때문이다.

마음의 고통을 겪어내는 과정에는 다양한 변수가 작용한다. 관계나 이별의 특성, 개인의 성격과 문제 해결 방식, 가족력, 현재 삶의 환경, 회복을 얼마나 잘 감당하는지 등이 주요 변수다. 마지막으로 마음 회복에 가장 큰 영향을 끼치는 중요한 변수는 유용한 지원군이 될 수도, 실망만을 안겨줄 수도 있는 사람들, 친구와 가족이다.

슬픔을 인정받지 못해 더 슬픈 사람들

상실 회복 과정에서 든든한 지원군의 존재 여부는 굉장히 중요하다. 어떤 사람이 부모나 자녀를 잃었다고 생각해보라. 주변 사람들은 마땅히 공감과 애도를 쏟아냄으로써 그의 비통한 감정을 인정한다. 타인들의 이러한 지지는 그로 하여금 자신의 감정이 상실에 대한 일반적이고 타당한 반응이라고 생각하게 한다. 친구와 가족은 공감과 연민을 표현하며 기대어 울 수 있는 어깨를 빌려주고 위로해 주는 존재가 된다. 만약 그가 아무것도 못 먹을 정도로 심한 고통에 시달리면 이웃이나 지인들은 음식을 직접 해주기도 하며 격려해준다. 직장에서는 애도할 시간을 갖도록 휴가와 다른 것들을 지원한다. 회복에 도움이 될만 한 상담 서비스를 제공하기도 한다.

그러나 사랑하는 사람과 헤어지거나 소중한 반려동물이 세상을 떠나 큰 슬픔에 빠졌을 때 이들 지원군의 반응은 사뭇 다를 수 있다. 그들이 슬픔의 크기를 인정하지 않는다면 말이다. 앞으로 이야기할 테지만, 주변 사람들의 공감과 지지 결여는 여러 측면에서 악영향을 미친다. 이는 마음의 상처를 치유할 수 있는 중요한 재료를 빼앗는 것일 뿐만 아니라 고통을 악화시키고 더 큰 스트레스를 유발하게 해 회복을 더 어렵게 만든다.

주변 사람의 지지 부족이 이토록 중요한 이유는 또 있다. 애초에 마음의 고통을 치유할 방법의 가짓수가 너무 적기 때문이다. 인간은 수천 년 동안 사랑의 상실로 인한 슬픔을 경험해왔지만 여태까지 이에 대한 치유법으로 알려진 것은 딱 두 가지뿐이다. 타인의 지지 그리고 시간. 그런데 타인의 지지를 받지 못한다면 남은 건 시간에 기대는 것뿐이므로 마치 화살집에 화살이 단 하나만 남은 상황과 같다. 그러나 시간 앞에 우리는 또 얼마나 무력한가. 시간은 우리가 전혀 통제할 수 없는 변수가 아닌가. 이것은 사람들이 마음이 아프고 고통스러울 때도 상담 치료를 받으려 하지 않는 원인이 되기도 한다. 사람들은 심리치료사로부터 받을 수 있는 것이 '공감과 지지 정도로 추측하는 경향이 있는데, 이런 것들은 그들이 언제라도 사랑하는 친구와 가족들로부터 받을 수 있다고 생각하기 때문이다.

따라서 처음부터 사랑의 상실로 힘들어서 진료실을 찾는 환자가 많지는 않다. 이들은 최소한 경험 직후에는 친구들과 가족에게 의지하고자 하기 때문이다. 따라서 보통은 완전히 다른 문제로 상담 치료를 받으러 왔다가, 공교롭게도 도중에 이별을 경험하고 상심에 빠져 내게 털어놓는 경우가 많았다.

앞으로 만날 사람들의 이야기는 다양한 이별의 상처나 상황을 대표한다. 그들의 사연은 마음의 고통이 우리에게 미치는 악영향의 여러 측면을 보여줄 것이다. 또한, 우리를 좌절시키는 실수, 지원군이 하는 역할, 치유 방법들을 깊이 생각해보게 한다.

사랑이 곧 끝날 것을 예감했을 때조차 이별은 고통스럽

다. 그러나 전혀 예상치 못했을 때 불쑥 찾아온 실연은 정말 큰 충격이 될 수 있다. 어떤 분들은 내게 이별이 멀리서 오고 있음을 감지하고 있다고 털어놓기도 한다. 그럴 때면 나는 그들이 한순간 무너지지 않도록 주의하라고 경고한다. 그러나 대부분은 주의를 듣고도 그렇게 하지 못한다. 사랑의 열병에 눈이 멀 때면 더 깊은 사랑의 약속에 대한 희망과 욕구 속으로 빠져들게 되기 때문이다. 그럴 때면 나도 이따금, 내 환자들을 괴롭히는 마음의 상처에 기습을 당하기도 한다.

...

캐시는 20대 후반에 처음 심리치료를 받기 시작했다. 그때 그녀는 실연과는 전혀 관련 없는 문제로 상담을 받고 있었다. 미국 중서부의 소도시에서 자란 캐시는 대학원을 가기 위해 뉴욕으로 이사했고 이 도시에 푹 빠져 계속 머물기로 했다. 우수한 학생이었던 캐시는 졸업하자마자 어려움 없이 취업해 자리를 잡았다. 내게 처음 상담 치료를 받으러 왔을 때 캐시는 산뜻한 정장에 하이힐을 신고 있었다. 그녀는 자신감 있는 사람들이 그러하듯 힘 있는 악수를 한 뒤 평온한 표정으로 소파에 앉아 무릎 위에 손을 얹었다. 처음 보는 사람에게 자신의 인생 이야기를, 그것도 가장 사적인 이야기를 꺼내기 전의 긴장한 기색은 전혀 없었다.

캐시는 부드러운 목소리로 내게 먼저 말을 꺼냈다. "여기 온 이유를 말해도 될까요?" 그녀는 자제력 있는 태도를 보였지만 빨리 상담을 시작하길 원했다.

"네, 이야기해 주세요." 나는 미소 지으며 대답했다.

캐시는 숨을 깊이 들이쉰 다음 이야기를 꺼내기 시작했다. "저는 중학교 때부터 제 인생의 큰 그림을 그리고 설계하는 그런 아이였어요. 결혼 스크랩북까지 만들었고요." 캐시는 자신의 인생 설계도를 순서대로 꼽으며 말을 이었다. "대학에 들어간 다음 대학원에 들어가고, 그다음 좋은 직장에 취업하고, 스물일곱 살이나 스물여덟 살쯤에는 미래의 남편과 연애를 시작할 생각이었어요. 그리고 1년 뒤 동거를 시작해서 또 1년 뒤에는 약혼하고, 그러다가 서른이 되기 전에 결혼할 생각이었죠." 캐시의 일그러지는 표정을 보고 나는 그녀의 계획이 그대로 지켜지지 않았음을 짐작할 수 있었다.

"저는 바라던 대로 대학을 나오고 대학원도 졸업했어요.

그리고 좋은 직장에 취업했고요." 캐시는 말을 이어 나갔다. "숨 가쁘게 달려왔으니 이제 사랑하는 사람을 만나고 결혼도 계획하고 싶었어요. 그런데 제가 발견한 건 멋진 사람이 아닌 제 가슴에 자라고 있던 종양이었죠."

캐시는 젊고 건강 상태도 대체로 아주 좋았다. 그래서 의사는 할 수 있는 한 가장 강한 화학요법을 제안했고, 캐시는 그에 따랐다.

"의사는 부작용이 심할 거라고 했어요." 캐시는 말을 이었다. "정말 그랬어요. 탈모와 끔찍한 구역질이나 입안의 쓰라린 상처는 견딜 수 있었어요. 정말 힘들었던 건 온몸으로 느껴야 했던 극심한 신경 통증이었죠." 캐시는 그때를 떠올리며 몸서리쳤다. "몹시 고통스러웠어요." 캐시는 숨을 들이쉬고 마음을 가다듬은 다음, 말을 이었다. "친구들과 가족은 엄청난 힘이 되어주었어요. 모두 내가 극복할 수 있게 옆에서 도와주었죠."

다행히 캐시의 화학치료는 성공적이었다. 캐시는 자신의 인생을 다시 설계하고 싶었다. 그녀는 좋은 음식을 먹고 체력이 허용하는 만큼 열심히 운동하며 건강 회복에 모든 노력을 기울였다. 그러는 사이 서서히 기력을 되찾았고 머리카락도 다시 자랐다. 마침내 캐시는 연애의 세계로 돌아가 모험을 재개할 준비가 된 것 같았다. 그녀가 치료와 회복 과정을 거치는 동안 그녀의 친구들은 대부분 약혼을 했다. 그래서 캐시는 거의 매달 약혼 파티나 결혼식에 참석해야 했는데, 그녀는 혼자 참석하는데 진절머리가 났다며 이야기를 이었다.

"친구들에게 단체 문자메시지를 보냈어요. '난 준비됐어!'라고 말이죠." 캐시는 웃으며 말했다. "며칠 뒤에 사방에서 소개팅을 주선해줬어요. 그야말로 '하늘에서 남자들이 비처럼 내려와'라는 노래가 날 위해 만들어진 것 같았죠. 내 삶이 돌아오고 있었어요. 거의 2년 만에 처음으로 행복을 느꼈죠."

캐시는 땅이 꺼질 듯 한숨을 내쉬었고 눈물을 참느라 얼굴이 새빨개졌다. "그런데 그때, 그러니까 지난달이었죠, 다른 쪽 가슴에 종양이 또 발견되었어요." 캐시는 흐르는 눈물을 닦았다. "그래서 선생님에게 온 거예요. 또다시 그 치료 과정을 겪어야 한다고 생각하면 정말… 너무 끔찍해서… 이번 투병을 이겨내려면 도움이 필요할 것 같아요."

캐시는 이미 최선을 다해 고통 그 이상을 참아냈지만, 이제는 다시, 더 많이 견뎌야 했다. 이토록 젊은 사람이 그렇게 많은 고통을 겪어야 한다는 사실이 정말 불공평하게 느껴졌다. 그러나 캐시의 놀라울 정도로 강한 정신력은 내게 큰 감동이었다. 2년 만에 두 번째 암과 다시 긴 싸움을 해야 하는 상황임에도 캐시는 희망을 잃거나 싸움을 그만두지 않았다. 캐시는 앞으로의 분투를 예상하고 심리치료사에게 손을 뻗어 자신의 지원군을 든든히 다졌다. 그녀의 이러한 대응은 현명하며 심리적으로 건강한 것이었다.

그 후 일 년 동안, 나는 캐시가 투지와 존엄과 용기로 암과 싸우는 모습을 곁에서 지켜봤다. 두 번째 화학요법도 첫 번째와 똑같이 극심한 부작용을 불러왔다. 그러나 캐시는 치료를 절대 멈추지 않았다. 캐시는 회복을 목표로 삼았고 절대 약해지지 않았다.

나는 캐시의 결의가 다시 빛을 발했다는 소식을 듣고 몹시 기뻤다. 캐시의 두 번째 치료도 효과가 있었고 다시 병세는 호전되고 있었다. 이번에는 회복에 더 오랜 시간이 걸렸지만, 캐시는 다시 튼튼해졌고 머리카락도 다시 자랐으며 흉터도 옅어졌다. 그리고 캐시는 친구들에게 다시 '난 준비 됐어!'라는 문자메시지를 보낼 수 있었다.

"어쨌거나 그래서 다시 '하늘에서 남자들이 비처럼 내려오기' 시작했어요." 상담 치료를 받으러 온 캐시가 말했다.

"할렐루야!" 나는 노래의 다음 소절로 대답했다.

몇 달 후, 캐시는 30대 중반의 주식 애널리스트 리치와 만나 사랑에 빠졌다. 리치는 캐시가 언제나 바라던 그런 사람이었다. 다정하고 사려 깊고 긍정적인 그는 무엇보다 캐시를 보완해주는 사람이었다. 리치는 줄곧 캐시의 흉터에 키스했으며, 그가 얼마나 그녀에게 끌리는지 숨김없이 표현했다. 리치는 분위기 좋은 레스토랑으로 캐시를 데려갔고 주말에는 즉흥적으로 바닷가로 여행을 떠나기도 했다. 캐시는 이보다 더 행복할 수는 없다고 생각했다.

리치와 연애를 시작한 지 6개월이 지났을 무렵, 캐시는 기쁜 모습으로 병원에 찾아왔다. "좋은 소식이 있어요!"

기분 좋은 캐시를 보니 나도 덩달아 들뜨는 마음이 들었다. 그녀는 리치와 함께 뉴잉글랜드에 있는 낭만적인 호텔에 다녀왔다고 했다. 때는 가을이었고, 아름다운 단풍은 한

창이었다. 프러포즈하기에 완벽한 장소였고 시기였다. "그래서요?" 나는 애써 무심한 척하며 물었다.

캐시는 숨을 깊이 들이쉰 다음 알려주었다. "저는 핀터레스트(이미지를 스크랩할 수 있는 소셜 네트워크 서비스)도 시작했어요!"

"아, 그거… 잘됐군요!" 나는 웃음을 지으며 대답했다.

"물론 아직 리치가 제게 정식으로 청혼한 건 아니에요… 하지만 중요한 건 곧 할 거라는 거죠. 우리가 이번에 뉴잉글랜드에서 함께 보낸 시간은 정말 근사했거든요. 그래서 저는 부모님 집에 가서 어릴 때 만들었던 결혼 스크랩북을 가져왔어요. 그걸 보면서 핀터레스트에 결혼식 관련 사진을 스크랩하려고요!"

나는 이번에는 활짝 핀 웃음을 지어 보였다.

2주 후, 리치는 초조해하며 캐시에게 그들이 가장 좋아하는 레스토랑에서 만나자고 청했다. 독립된 공간이 갖춰진 조용하고 분위기 좋은 그런 곳이었다. 음료가 나오자 리치는 캐시의 손을 잡았다. 그러고는 그녀에게 이별 통보를 했다.

그는 자신이 캐시를 굉장히 아끼고, 함께한 시간도 즐거웠지만 다만 자신의 감정은 캐시의 감정만큼 진전을 보이지 않는다고 설명했다. 그는 캐시가 그에 대해 느끼는 만큼의 사랑을 느끼지 않았으므로 이를 그녀에게 알리는 게 공평하다고 생각했다고 덧붙였다.

캐시는 절망적이었다. 그녀의 친구와 가족은 다시 힘을 합쳐 캐시를 도우려고 했다. 그리고 캐시는 정말로 절실히 도움이 필요했다.

나는 전에도 캐시가 실의에 빠진 모습을 본 적이 있었지만, 이번 괴로움은 더욱 심했다. 캐시는 몇 주 동안 울음을 그치지 못했고 직장에서는 제대로 일도 하지 못했다. 그리고 어둠 속에서 멍하니 앉아 몇 시간을 보내며 무기력해졌다. 캐시는 상담 치료를 자주 빼먹었고 나의 재촉에도 한 달에 한 번 이상은 치료에 나오지 않았다.

캐시가 나와 친구들에게 하는 얘기는 온통 이별에 관한 것뿐이었다. 나와의 상담 시간은 한정적이었지만, 그녀의 친구들은 그녀가 필요할 때면 언제나 격려와 위로와 조언을 주고 있었다. 그러나 몇 달이 지나도록 캐시가 변하지 않자 친구들은 그녀가 마음을 정리하지 못할 것 같다는 조바심을 내비치기 시작했다. 한 달 후, 내가 캐시를 만났을 때 친구들의 조바심은 분명한 좌절로 바뀌어 있었다.

나는 캐시로부터 그녀의 친구들이 인내심을 잃었다는 소식을 듣고 안타까웠지만 놀라지는 않았다. 그런 일은 수없이 일어난다. 타인들은 우리가 실제 느끼는 고통의 크기만큼 우리를 연민하지 않는다. 그들은 우리가 얼마큼의 고통을 느낄지 가늠한 뒤 딱 그만큼의 연민을 보인다. 캐시는 친구들이 생각하는 무언의 애도 공소시효를 넘긴 것이다. 그 결과에 따라 친구들의 공감과 지원은 빠르게 바닥나고 있었다. 그 빈 곳을 캐시는 조바심과 짜증, 분노로 메꾸는 중이었다.

캐시의 친구들이 너무 매몰차다고 판단하기에 앞서 생각해볼 지점이 있다. 우리도 매몰찬 사람이 되어 본 적이 있지 않은가? 친구 혹은 가까운 사람이 이별의 상처를 회복하기까지 우리가 주관적으로 정한 기준보다 더 오랜 시간이 걸렸다면, 그들에게 직접 표현했든 하지 않았든 우리도 인내심을 잃은 적이 있지 않은가? 소중한 사람이 극심한 감정적 고통을 겪는 걸 목격하는 경험은 그 자체로 강력한 스트레스다. 그러나 고통받는 사람에게 지지와 연민을 보내며 도움을 주기 위해 당신은 당신 마음속의 불편한 감정은 우선 억누른다(그렇지 않으면 괴로운 감정에 너무 동화되어 힘이 다 빠질 것이다). 상심한 친구의 곁에 있어 주는 것이 힘들기는 하지만, 당신이 어느 정도 고충을 참고 함께 있어 준다면 마음을 정리하려는 친구의 노력에 보탬이 되리라 암묵적으로 짐작한다. 그러나 친구가 생각보다 너무 오랜 시간을 상심에서 벗어나지 못하면, 당신은 친구가 마땅히 해야 할 회복에의 노력을 다하지 않았다고 (무의식적으로) 추측한다. 그리하여 그동안 들인 노력에 허망함을 느낀 당신은 점차 공감의 힘을 잃게 된다.

이별의 상처를 오랫동안 회복하지 못할 때 우리가 잃는 것은 비단 친구와 사랑하는 사람들의 인내심뿐만이 아니다. 사회적 지지를 잃으면 우리는 주변 사람들의 조바심과 불안을 자신의 일부로 삼게 되고, 자기연민까지 잃어버리게 된다. 결과적으로 사회적 지원 감소와 자기비판 증가라는 이중 불행을 떠안게 된다.

"제 친구들 말이 맞아요." 캐시는 이어진 상담 치료에서 한숨을 쉬며 말했다. "저는 벌써 몇 달 전에 마음을 정리했어야 했어요, 하지만 그럴 수 없었어요, 왜 이런 일이 생겼는지 이해하지 못했거든요. 전 아직도 리치를 사랑해요! 아직도 리치가 그리워요. 안 그러면 좋을 텐데… 하지만 그런 걸 어떡해요!"

캐시는 두 번의 매우 혹독한 암 투병을 이겨내는 동안 삶의 동기나 희망을 잃은 적이 없었다. 오히려 그녀는 암과 싸우는 4년 동안 시련을 거치며 대단한 정신력을 보여주었다. 그러나 이번에는 무엇 때문인지 캐시는 정신력과 투지를 모으지 못하고 있었다. 나는 그녀가 친구들의 지원까지 잃어버리는 단계에까지 왔으므로 앞으로 회복이 더 어려워질까 걱정이 되었다.

나는 캐시가 '이별의 원인을 이해하지 못한다'고 말한 것에 주목했다. 리치는 분명히 이별의 이유를 이미 설명했다. 그는 캐시를 아끼긴 하지만, 그녀를 정말 사랑하지는 않는다고 말했었다. 그러나 캐시는 (객관적으로는 충분한 설명이었는데도) 리치의 해명을 받아들이지 않았다. 대신 그녀는 리치가 자신에게 말하지 않은 뭔가가 있다고 확신하게 되었다.

그래서 그게 무엇인지 알아내는 일에 집착했다. 나는 캐시에게 그 문제를 친구들에게 상의했는지 물어보았다.

"그게 제가 친구들에게 이야기하는 거의 전부에요." 캐시가 대답했다.

나는 왜 친구들이 인내심을 잃었는지 이제 이해하기 시작했다. 존재하지도 않는 미스터리와 음모를 만들어내는 일은 사랑하는 사람과 이별할 때 흔히 나타나는 반응이다. 우리는 자신이 느끼는 감정적 고통이 매우 극적이라면, 분명 똑같이 극적인 원인이 있을 거라 무의식적으로 추정한다. 실제로 그런 원인이 없을 때도 말이다. 캐시의 친구들은 리치의 설명을 액면 그대로 받아들였을 테고, 그래서 다른 이유를 찾는 캐시의 노력을 불필요하며 부질없는 것으로 인식했을 것이다. 다시 말해, 친구들은 캐시가 리치의 이별 사유를 받아들이지 않고 계속해서 다른 이유를 찾음으로써 스스로 마음을 정리하지 못하고 있다고 생각할 수 있다. 그리고 그에 따라 친구들은 캐시에 대한 공감과 연민을 보낼 수 없게 된다.

이별의 상처가 과중할 때 우리가 흔히 저지르는 실수가

바로 이것이다. 무엇이 잘못되었는지를 마음속으로 반복해서 되짚어 보고, 그 생각을 모두 밖으로 내뱉는다. 이는 주변 사람들에게 과중한 부담이 된다. 물론 충격이 가시지 않은 이별 직후에는 그런 행동도 이해받을 수 있다. 그러나 몇 주, 혹은 몇 개월에 걸쳐 같은 말과 행동을 되풀이한다면 어떨까. 예컨대 이런 질문을 끊임없이 되뇌는 것이다. "그의 마음을 떠나게 한 내 행동은 어떤 것이었을까?", "뭐가 문제였을까?", "그는 왜 내게 거짓말을 했을까?", "왜 그가 나를 더 사랑하지 않았을까?" 이런 반복적이고 폐쇄적인 사유는 새로운 통찰은커녕, 이미 가지고 있는 분별력마저 마비시킨다. 그리고 그러는 사이 가장 든든한 지원군마저 좌절하게 된다.

그러므로 이별의 상처가 고통스러울지라도 우리는 지원군에 과중한 부담을 주고 있지 않은지 주의를 기울여야 한다. 또한, 힘이 되어주는 사람들에게 '쉴 틈'을 주고 있는지 돌아보아야 한다. 분명히 말하지만, 그렇다고 그들로부터 받는 지지와 연민을 포기해야 한다는 뜻은 아니다. 친구들이 더 연민을 보이지 않는다는 얘길 들었을 때 나는 캐시에게 이렇게 설명했다. "당신은 친구들로부터 여전히 지원을 받을 수 있어요. 그러나 이제는 다른 방식이 될 겁니다. 친구들은 여전히 당신을 아끼고 좋아합니다. 비록 지금은 그들의 인내심이 약해진 것 같아도 말이죠. 친구들은 당신이 리치가 아닌 다른 주제를 이야기할 때도 당신이 아파하고 있다는 사실을 여전히 잘 알고 있을 겁니다. 그리고 따뜻한 시선을 보내고 안아주고 손을 꼭 잡아주며 당신을 걱정하고 있다는 걸 보여줄 겁니다. 그러니 당신은 친구들이 지금 해줄 수 있는 방식에 마음을 열고 그들의 지원을 받아들이면 됩니다."

나중에 살펴보겠지만 캐시는 나의 조언을 듣고 친구들을 이해했다. 그리고 친구들과의 긴장감을 해소할 수 있도록 태도를 바꾸었다. 그러나 한편으로 캐시는 여전히 리치의 이별 사유를 받아들일 수 없었고 아직도 이별의 '진짜' 이유를 밝혀내고 싶다는 강력한 충동을 느꼈다. 이전보다 더 큰 외로움을 느끼게 된 캐시는 친구들이 이별 초반에 아낌없이 주던 공감과 지지를 정말 그리워했다. 친구와 가족들의 지원은 마음의 고통을 회복하는 데 정말 중요한 역할을 한다. 사랑하는 반려동물의 죽음으로 마음이 힘들 때도 마찬가지다. 다음 이야기를 만나보자.

가장 좋은 친구이자 오랜 동반자를 잃은 외로움

벤은 한 대기업의 저술가로 일하는 40대 중반의 남성이다. 그가 나를 처음 찾아왔을 때, 그는 6개월 간격으로 부모님을 모두 잃은 직후였다. 벤은 30대 후반에 이혼했고, 자녀는 없었으며 친구들도 많지 않았다. 그는 유일한 가족이었던 부모님을 한꺼번에 잃은 뒤 힘겨워하고 있었다. 벤은 제때 업무를 완수하는 데 어려움을 겪었고 점차 우울증에 빠지는 듯했다. 그때 회사의 인사팀으로부터 심리치료를 받으라는 권유를 받았다. 벤이 나를 찾아온 건 이때였다.

나는 몇 달 동안 벤과 상담 치료를 진행했다. 진지하고 성실하게 심리치료에 임한 벤은 비탄에 빠진 힘든 시기를 이겨내고 점점 회복해나갔다. 그즈음 벤은 치료를 멈추기로 했다. 벤은 정서도 안정되고 일도 제대로 할 수 있을 정도로 좋아졌기 때문에 나도 그의 결정을 지지해주었다. 다만 상담 치료가 필요할 때면 언제든 다시 연락하기로 약속했다.

그 후 7년이 흘렀다. 어느 화창한 봄날 아침, 나는 벤으로부터 한 통의 이메일을 받았다.

선생님께 다시 상담을 받고 싶습니다만, 보버에 관한 일이라 바보 같다고 여기실 수 있을 것 같습니다. 반려견에 관한 사연으로 상담 치료를 받으러 간다니 우스꽝스럽다는 생각이 듭니다. 그래도 너무 아픈 보버에 관해 이야기하고 싶습니다. 어리석게 들릴 거라는 걸 알고 있고, 저도 상담 치료를 청하기 조금 당혹스럽습니다. 그래도 괜찮으시다면 가능한 한 빨리 뵐 수 있을지 알려주십시오.

나는 벤의 이메일을 읽고 가슴이 먹먹했다. 나는 벤과 보버를 잘 기억하고 있었다. 재택근무를 하며 글을 쓰는 벤은 늘 그의 아파트에서 혼자 지냈다. 이혼 후 더욱 적적해진 그는 친구로 지낼 반려견을 입양했다. 벤은 일명 구조견으로 불리는 골든 래트리버 강아지를 데려왔고, 보버라는 이름을 지어주었다. 따스한 노란 털북숭이 보버는 매우 사랑스러웠다. 벤의 첫 반려견인 보버는 그의 주인을 완전히 따랐다. 벤은 보버와 많은 것을 나눴다. 같은 시간 밥을 먹고 매일 함께 산책했다. 순하고 커다란 강아지 보버는 어디를 가든 사랑받았고 팬이 생기기도 했다. 벤과 전부터 잘 알고 지내던 사람들은 벤을 '보버 아빠'라고 불렀다.

벤은 부모님이 아프기 시작했을 때부터 보버를 데리고 그들을 방문했다. 그때는 차로 왔다 갔다 운전을 할 때만 보버와 함께 있을 수 있었다. 병세가 심각해진 부모님이 입원하자 벤은 병상을 지킬 수 있도록 보버를 근처 지인에게 부탁하곤 했다. 또한, 직장으로부터 지원금이나 휴가 등의 배려를 받았고, 이해심 많은 상사에게 위로와 감정적 지원을 받기도 했다. 갑작스레 부모님이 세상을 떠났을 때도 주변의 애도를 받았다.

나는 벤에게 있어 심리치료가 그에게 닥친 갑작스러운 비극을 회복하는 데 큰 도움이 된다고 생각했지만, 사실은 그렇지 않았다. 벤을 지탱해준 가장 큰 힘은 보버였다.

"밤에는 보버와 함께 잠을 자요." 벤이 처음 상담을 받았을 때 내게 말했다. "내가 일할 때 보버는 옆에 앉아 있어요. 어제는 멍하니 TV를 보다가 나도 모르게 눈물이 났던 것 같아요. 보버가 다가와 내 손을 핥기 시작할 때까지 내 뺨에 눈물이 흐르고 있는 줄도 몰랐거든요. 내가 슬프다는 사실도 보버가 알려준 거죠. 보버는 정말 세상에서 가장 놀라운 강아지예요"

보버는 정말 그랬다. 벤은 종종 상담 치료에 보버를 데려왔다. 보버는 커다란 발을 벤의 발 위에 걸치고 소파 발치에 엎드려 있었다. 벤이 감정적인 이야기를 할 때 울음을 터트리거나 하면 보버는 마치 그의 고통에 공감하는 거처럼 자리에서 일어나 벤의 손을 핥거나 벤의 무릎 위에 턱을 기댔다. 벤과 보버의 강한 유대감은 명백해보였다. 편지에 쓴대로 보버의 건강이 나빠졌다면 현재 벤이 얼마나 힘들지 가늠이 되지 않았다.

나는 메일을 받은 바로 다음 날 벤을 만났다. 그는 예전처럼 보버를 데리고 오진 않았다. 이제 열다섯 살인 보버는 귀가 들리지 않고 눈도 거의 보이지 않는다. 게다가 낯선 곳에 가면 불안해했기 때문에 벤은 보버를 집에 두고 오는 것이 낫다고 판단했다. 나는 상담 내내 매우 혼란스러워하는 벤의 이야기를 들어주었다. 그리고 우리는 다음 주에 다시 만날 시간을 정했다.

하지만 노령견인 보버의 건강은 급속도로 악화됐다. 벤은 나와 만난 다음 날 보버를 동물병원에 데려가야 했다. 보

버는 조금 회복되는 거처럼 보였다가 며칠 뒤 다시 나빠지는 것을 반복했다. 수의사는 수술이 필요하다는 진단을 내렸다. 벤은 이미 월차를 포함해 남은 휴가를 거의 사용한 뒤였다. 수의사의 진료방문 등으로 보버를 돌보는데 시간이 많이 들었기 때문이다. 보버가 수술을 받은 직후 벤은 그의 충직한 개의 곁에 있기 위해 마지막 휴가까지 사용했다. 그런데 수술 다음 날 아침, 보버가 혼수상태에 빠지고 말았다.

벤은 보버를 서둘러 수의사에게 다시 데려갔다. 휴가를 다 써버렸기 때문에 회사에는 병가를 냈다. 벤의 상사는 벤이 유선 전화를 받지 않자 몇 시간 뒤 그의 휴대전화로 전화를 걸었다. 벤은 어쩔 수 없이 바깥에 있음을 시인하고 반려견이 매우 아프다고 설명했다. 그 말을 들은 상사는 몹시 화를 냈다. 상사는 벤이 즉시 업무에 복귀해 마감을 지킬 것을 요구했다.

벤에게는 선택의 여지가 없었다. 병원에 보버를 남겨둔 채 집으로 돌아가 업무를 끝내야 했다. 그날 오후, 수의사에게 전화가 걸려왔다. 보버의 의식이 돌아오지 않고 있으며 곧 세상을 떠날 것 같다는 말이었다. 벤은 마감을 지키지 못할 업무를 뒤로 한 채 보버에게 달려갔다. 벤이 병원에 도착했을 때 보버는 의식을 잃은 채 얕은 숨만 쉴 뿐이었다. 벤은 손을 뻗어 보버의 머리를 부드럽게 어루만졌다. 벤의 뺨에는 눈물이 흐르고 있었다.

"그때 보버가 마지막으로 제게 놀라운 선물을 주었어요" 보버가 죽은 다음 날 저녁 찾아온 벤이 내게 말했다. "처음 보버를 만졌을 때는 보버는 전혀 눈을 뜨지 않았어요 그래서 보버의 코에 손을 가까이 대어보았어요, 냄새로 나라는 걸 알도록 말이에요, 그런데… 보버가 간신히 손을 핥는 거예요." 벤은 참았던 눈물을 흘렸다. "보버는 내가 울고 있다는 걸 알았나 봐요. 그래서 늘 그랬던 것처럼 그렇게 한 거죠. 마지막으로요. 그리고 세상을 떠났어요"

나는 상실의 고통으로 힘든 환자를 치료할 때 슬픈 감정을 여러 번 겪었지만, 감동으로 눈물을 흘린 적은 거의 없었다. 그러나 보버의 마지막 순간을 들을 땐 눈물이 차올랐다. 15년이라는 시간을 함께 지낸 반려견 보버는 벤에게 반려견 그 이상이었다. 보버는 충직한 우정으로 이혼 후 외로운 보버의 곁을 지켜주었고, 갑작스레 부모님 두 분이 돌아가셨을 때도 함께였다. 장난기 많고 활기 넘치던 보버의 모습은 그동안 벤의 정신적 버팀목이었다. 벤이 보버를 돌보며 자기 자신도 돌보게 되었기 때문이다. 지금 벤의 마음은 완전히 산산조각이 나버린 듯했다.

그러나 벤에게 슬퍼할 시간은 주어지지 않았다. 다음 날 아침 벤의 상사는 그를 사무실로 불러 병가를 핑계로 다른 곳에 갔던 것을 따져 물었다. 벤은 보버가 그에게 어떤 의미였는지 설명하려고 하자 상사는 눈을 희번덕거리며 말했다. "그냥 기르던 개일 뿐이잖아. 자네는 무슨 어머니 돌아가신 거처럼 구는군." 벤은 협의를 시도하며 며칠 동안의 무급 휴가를 요청했다. 이 말을 들은 상사는 이번에는 소리를 지르기 시작했다. "철 좀 들라고, 벤! 내 여섯 살 난 딸아이는 지난주에 금붕어를 변기에 넣고 물을 내려버렸어. 자네는 그 애가 방에 틀어박혀 울 수 있도록 학교를 한주 쉬게 해야 한다고 생각하는 거야?"

다행히 내가 개입할 여지가 있었다. 나는 벤에게 진단서를 끊어 주었고 그는 이틀 정도 직장에 나가지 않고 쉴 수 있었다. 회사의 인사팀은 벤의 진단서를 받아들일 수밖에 없었지만, 상사는 드러내놓고 반감을 표했다. 벤이 회사로 복귀하자 상사는 인정사정없는 기한으로 그에게 평소보다 더 과중한 업무를 부과했다.

공감은커녕 대놓고 벤을 경멸한 상사의 행동은 물론 바람직하지 못했지만, 정작 사회에서 손가락질당하는 사람은 벤일 수 있다. 조직 사회에서는 소중한 반려동물의 죽음을 크나큰 상실로 인정하지 않고, 상실을 겪은 이들에게 필요한 연민과 이해도 거의 보이지 않는다. 이러한 인식 부족은 이미 고통스러운 상실의 과정을 더 힘들고 복잡하게 만든다.

분명 우리는 개인적인 친구나 지인이 반려동물의 죽음으로 슬퍼하거나, 연인과의 이별로 마음 아파한다면 그들에게 공감과 이해를 보낼 것이다. 그러나 사회 전체는 그런 상실로 생기는 극심한 정서적 고통과 그 고통이 개인에게 미치는 여러 악영향을 무시하고 있다. 오랜 시간 함께해 온 반려견이 동물병원에서 죽어가고 있을 때도 평소처럼 직장에서 일을 잘 해내길 기대한다면 그건 거의 순진하기까지 한 고지식함이다. 벤은 실직의 위협 때문에 억지로 책상에 앉아 있었지만, 몸만 그곳에 있었을 뿐, 업무에 집중하기는 어려웠다.

　고통을 인정받지 못하는 이들이 안타까운 또 다른 이유
는 이들이 사회의 둔감하고 무지한 인식을 그대로 내면화하
게 되기 때문이다. 사회가 들이미는 기준이 그들의 감정과
모순되더라도 그들은 감정을 억누르거나 숨겨야 한다는 강
박을 느낀다. 벤이 처음 내게 보낸 이메일에 이런 모순과 혼
란이 잘 담겨있다. 그는 매우 머뭇거리며 미안해하는 투로
글을 썼다. 벤은 한편으론 자신의 정서적 고통을 내가 우스
꽝스럽다고 여길까 걱정했고, 한편으론 생각지 못한 큰 고
통에 자기 자신도 당혹스러웠다. 반려동물의 죽음으로 극심
한 정서적 고통을 느낄 때, 주변의 비판이 더해져 당혹감과
부끄러움까지 느끼게 된다면 그의 심적 고통은 더 깊어지며
회복 또한 더 어려워진다. 그러나 안타깝게도 이는 흔히 일
어나는 일이다.

　나는 벤과 상담 치료를 할 때 보버의 죽음과 그의 상실감
에 대해 내가 얼마나 큰 슬픔을 느끼는지 그대로 표현했다.
벤의 부모님이 세상을 떠났을 때 나는 눈물을 흘리지 않았
다. 하지만 이번에는 내가 슬픔에 동요하는 모습을 보여주

고자 했다. 벤의 비통함이 얼마나 자연스럽고 정당한 것인지 입증하기 위해서였다. 벤의 슬픔을 완전히 경멸하며 무시했던 상사의 태도가 불합리하다는 사실을 보여주기 위해서였다. 나는 내 표정과 목소리에 공감과 연민의 감정을 어느 때보다 분명히 드러냈다.

벤은 보버의 죽음으로 인한 큰 상실감을 회복하기까지 수개월이 걸렸다. 이건 그가 그의 가족을 잃었을 때 회복에 걸린 시간보다 훨씬 긴 것이다. 이유는 무엇일까? 사실 부모님은 벤의 일상생활에 깊숙이 들어와 있지는 않았다. 부모님은 벤의 개인적, 사회적 활동과 밀접한 관련을 맺고 있지는 않았지만, 그에 반해 보버는 일상의 여러 크고 작은 순간을 채우고 있었다. 게다가 벤은 보버를 떠나보낸 슬픔을 공개적으로 표현할 수 없었을 뿐 아니라 상사나 다른 동료들에게서 공감보다는 경멸을 받았다. 이것들이 그의 회복을 더 지연시켰을 거라고 나는 확신한다.

우리가 속한 조직이나 사회가 개인의 감정적 고통에 공감과 지원을 제공하지 않는다면, 개인은 사회가 보내는 부정적 인식을 내면화하지 않고, 적극적으로 자신의 감정을 인정해줄 곳을 찾아야 한다. 우리가 생각하는 것보다 대안은 많다. 벤에게 가족이 없고 친구도 많지 않았기에 나는 수개월 동안 최대한 그의 마음의 빈 곳을 채워주고자 했다. 또한, 벤에게 반려동물을 잃은 사람들이 모이는 커뮤니티를 소개해주었다. 벤은 이런 커뮤니티가 곳곳에 많다는 사실에 놀라워했다. 나는 벤에게 커뮤니티에서 만난 사람들과 활발히 대화할 것을 권유했다.

보버는 15년이라는 긴 시간 동안 벤의 충직한 친구였고 삶의 일부였다. 일반적으로 관계의 깊이가 깊을수록, 대상(반려동물이든 연인이든)과 함께하던 일상생활이나 습관이 많을수록 상실로 인한 슬픔은 더 깊고 회복도 더 오래 걸릴 수 있다. 그러나 바로 이 지점에서 '실연의 고통'은 다른 슬픔과 다른 독특한 차별점을 가진다. 우리는 아주 짧고 가벼운 연애 관계에서도 상실로 인한 깊은 상처를 얻을 수 있다.

거절의 두려움이 만든 마음 지뢰밭

로렌은 27살의 의대생으로, 낮은 자존감과 사회불안을 이겨내고자 나를 만나러 왔다. 그녀는 감정보다 사고와 논리에 훨씬 더 편안함을 느꼈다. 로렌은 사람들과 어울리기보다는 전공 서적, 세균 배양접시와 보내는 시간을 더 좋아했다. 로렌은 대학교 신입생 때 약간의 술기운을 빌려 동기 남학생과 키스한 정도의 경험이 있을 뿐, 다른 이성 관계 경험은 없었다.

사회불안을 겪는 사람들이 흔히 그렇듯이, 로렌은 내면에 축적된 두려움과 회피로 자신에 대한 비뚤어진 인식 체계를 가지고 있었다. 이를테면 그녀의 연애 전망은 지나치게 비관적이었다. 그녀는 자신의 가치를 매우 낮게 평가했고, 연애에 성공하지 못할 거라고 생각했다. 그리고 자존감이 낮은 사람들이 그러하듯, 로렌도 자신을 실제보다 (외모와 성격 면에서 모두) 매력이 없다고 인식했다. 우리의 상담 치료에서 우선 착수해야 할 작업은 로렌의 자신에 대한 인식 왜곡을 바로잡는 일이었다. 그녀의 자존감을 높이기 위한 더 나은 사고방식을 알려주기 위해서였다.

　몇 개월의 상담 치료를 한 후, 로렌은 충분한 진전을 보였다. 로렌은 친구의 권유로 인기 있는 데이트 어플에 가입했다. 그리고 일주일 후, 신입생 이후 처음으로 데이트를 하게 되었다는 소식을 들려주었다. "제 친구는 이 사람 저 사람과 연애를 많이 해본 편이에요. 그 애가 말하길 첫 연애는 보통 형편없는 경우가 더 많다고 하더라고요. 그래서 기대는 적당히 하고 즐기는 게 중요한 것 같아요."

　나는 기대 수준을 낮추고 있다는 그녀의 얘기를 듣고 기뻤다. 로렌은 오랫동안 연애를 한 적이 없었고 그녀의 '연애 능력'은 잘 얘기해봐야 녹이 슬어 있는 정도일 것 같았다. 나는 그녀에게 처음 몇 번의 데이트는 연습으로 생각하고 관계를 편안하게 느끼게 되는 것을 목표로 삼으라고 제안했다. 그 과정에서 좋은 결과를 얻으면 좋겠지만 그렇지 않아도 그 또한 좋은 경험이 될 터였다. 연애에 있어 거부와 실망은 따로 생각할 수 없는 부분이 아닌가. 따라서 나는 로렌이 적당한 기대 수준을 유지하고, 거부와 실망이 있다 해도 심각하게 영향받지 않기를 바랐다.

다음날, 로렌은 내게 메시지를 보내 자신의 첫 데이트가 정말 즐거웠다는 사실을 알려왔다. 그녀는 데이트 상대와 술도 꽤 마시고 3시간 이상 대화를 나눴다고 이야기했다. 로렌은 완전히 신이 나 있었다.

우리의 다음 상담 치료는 이틀 뒤였다. 그런데 로렌은 나타나지 않았다. 그리고 그날 밤 로렌은 사과의 메시지를 남겼다. 그녀는 너무 심란해서 치료를 받으러 올 수 없었다고 설명했다. 나는 나중에서야 무슨 일이 있었는지 알게 되었다. 로렌은 데이트 상대에게 소식이 없자 그에게 먼저 다시 만나고 싶다고 문자를 보냈다. 몇 시간 뒤에 상대는 데이트는 즐거웠지만, 로렌을 다시 만나고 싶지는 않다는 짤막한 문자를 보내왔다.

"저는 말 그대로 3일 동안 울면서 침대에만 있었어요." 다음에 만났을 때 로렌이 설명했다. 로렌의 표정에서 마음의 고통이 고스란히 묻어났다. "수업도, 맡은 일도 다 빼먹었어요. 정말 수습이 안 돼요. 전 엉망진창이에요. 제가 엉망진창이라는 사실보다 더 견디기 힘든 건 제가 엉망진창이라는 사실에 너무 자존심이 상한다는 거예요. 모두가 제게 너무 많이 기대하지 말라고 얘기해줬고 저도 그렇게 했어요. 정말 그랬어요! 정말 작은 기대감으로 데이트를 하러 갔어요. 그런데 산산조각이 나버린 거죠. 전 뭐가 문제일까요? 딱 한 번 데이트했을 뿐인데 왜 이런 상실감에 빠진 걸까요?"

우리는 낭만적 관계로 인한 슬픔에는 상당히 의미 있고 심각한 상실이 있을 거라 생각한다. 그렇다면 로렌은 왜 단 한 번의 데이트 후 저토록 심한 상실감에 빠졌을까? 너무 큰 기대를 한 것도 아닌데, 왜 3일 동안 계속 극심한 정서적 고통을 느꼈을까?

첫 번째 물음에 대한 답은 연애 세계에 들어가거나 다시 들어갈 때 사람들이 대부분 흔히 저지르는 실수와 관련이 있다. 로렌은 연애에 대한 적당한 기대감을 유지하며 자존감을 보호하고자 했다. 그리고 실제로도 신중한 태도를 지켰다. 하지만 생각보다 더 즐거웠던 데이트가 끝나자마자 그녀의 기대치는 급격히 치솟았고, 그게 무산되자 큰 충격이 왔다.

로렌이 3일 동안 집에만 틀어박혀 나올 수도 없던 이유는 거절에 대한 충격이 아니라 그 이후에 찾아온 수치심과

외로움 때문이었다. 로렌은 나를 비롯한 친구들이 상처받은 자신을 우스꽝스럽게 여길 거라고 생각했다. 그래서 주변 사람들의 연락을 회피했다. 스스로 초래한 고립감, 상처를 받았다는 마음을 들키면 비웃음만 받을 거란 생각이 그녀를 에워쌌다. 여기에 그녀가 마땅히 받아야 했으나 받지 못한 타인의 공감과 지지, 자신의 감정 인식 부족 등이 고통을 더 증폭시키고 연장했다.

로렌은 결코 유별난 사람이 아니다. 나는 한 번의 데이트 후 크게 자신감을 잃고 괴로워하는 받은 많은 분과 상담 치료를 진행해왔다. 특히 오랫동안 연애를 하지 않다가 다시 시작하는 사람이라면 더 쉽게 이럴 수 있다. 이때의 상심이나 고통은 오래가지 않지만 강렬하며, 연쇄적으로 로렌이 겪었던 것과 같은 수치심과 당혹감을 느낄 수 있다. 그리고 이렇게 부정적인 정서가 가중됨에 따라 연애에 대한 부담은 더 커지고 만다.

어떤 종류의 슬픔은 사회에서 그 자격을 박탈당한다. 그러나 타인의 정서적 고통을 인정하지 않는 것은 부당한 일이다. 생각해보라. 고통이 아닌 일반적인 감정일지라도 우리는 누군가 내 감정을 인정하지 않거나 '마땅히 어떠해야 한다'고 잔소리를 한다면 바로 불쾌해할 것이다. 더구나 마음의 고통을 인정받지 못하면 그는 불쾌해하는 것에서 끝나지 않는다. 그의 슬픔은 더욱 악화된다.

고통을 인정받지 못하면 그는 타인이나 사회가 자신에게 가하는 비판을 내면화하고, 그 결과 자기비판에 빠지고, 나아가 절실히 필요한 공감과 지원을 스스로 거부하게 된다.

...

캐시는 6개월 동안 만나고 결혼하리라 기대했던 남자와 헤어졌을 때 상심이 매우 컸다. 벤은 15년 동안 삶의 큰 부분을 차지했던 사랑하는 반려동물을 잃고 비탄에 빠졌다. 그리고 로렌은 한 번의 데이트 후 깊은 상처를 받았다. 이들이 슬픔을 회복하는 과정에서 마주하지 않았다면 좋았을 한 가지 난관이 있다. 바로 주변 사람들이나 사회 조직이 이들의 감정을 무시하는 것이다.

여러 다른 문화권에서 큰 규모로 모여 함께 죽음을 애도하는 장례문화를 갖추고 있는 데는 이유가 있다. 슬픔에는 공감과 연민이 필요하다. 포옹의 따뜻함도 필요하다. 슬픔을 연구하는 사람들은 사랑하는 존재를 잃는 상실이 큰 슬픔이라는 사실을 오랫동안 밝혀왔다. 그 존재가 누구건 무엇이건 말이다. 놀랍게도 사회의 많은 사람이 이 사실을 인정하지 않는다. 그들이 직접 사랑의 상실을 경험하기 전까지는.

그렇다면 많은 이들이 사랑의 상실로 인한 슬픔을 다른 슬픔과 똑같이 배려하고 존중하지 않는 이유는 무엇일까? 어떤 슬픔을 사소한 것으로 치부하는 이유는 무엇일까?

그것은 마음이 아플 때 몸과 뇌가 얼마큼 악영향을 받는지 이해하지 못하기 때문이다. 그러나 연구자들은 실연의 상심에 관해 우리가 상식적으로 알고 있는 것보다 훨씬 더 많은 사실을 밝혀오고 있다. 우리가 다음 장에서 살펴볼 연구들은 우리 무의식의 미스터리를 밝히고, 마음이 아플 때 뇌와 몸에서 일어나는 보이지 않는 일들을 알려준다. 우리가 슬플 때 몸에 어떤 일이 일어나는지 정확히 이해하는 일은 마음 건강을 회복하기 위해 꼭 필요한 단계다.

2

사랑의 슬픔에 중독되는 사람들

슬픔에 휘청이는 뇌와 몸

●●●

연인 간의 사랑은 중독과 매우 밀접한 관련이 있다.
실제로 열렬한 사랑을 하다가 이별을 겪은 사람의
뇌는 코카인이나 헤로인 금단현상을 겪고 있는 중
독자들의 뇌와 매우 유사한 반응을 보인다. 우리는
실연의 상대(마약)에게 열렬히 빠져 강한 열망을 느
낀다.

슬픔에 장악당한 사람은 모든 것을 암흑으로 빨아들이는 블랙홀과 같다. 무엇을 경험하든 어떤 것을 보든 자신의 슬픔과 결부해 생각하고 받아들인다. 정서적 고통은 사람의 사고에 침투해 의식을 장악한다. 따라서 슬픔의 당사자는 다른 일에 흥미를 갖거나 집중하지 못한다. 통제하기 어려운 정서적 고통은 가슴을 죄어오는 압박감이나 심장이 터질 듯 아픈 육체적 고통을 동반하기도 한다.

사랑하는 연인이나 반려동물을 잃는 것은 '상실'이라는 하나의 단순하고 독립적인 사건을 겪는 것이 아니다. 사랑하는 존재의 상실은 우리의 생활 전반을 장악하는 복합적인 상처를 남긴다. 이별의 상처는 우리의 지성과 감성에만 타격을 주는 것이 아니다. 우리의 신체와 두뇌, 일상생활과 인간관계에도 악영향을 미치고 또 광범위하고 놀라운 방식으로 충격을 준다.

이별로 인한 상심을 별 것 아닌 일로 여기는 태도는 생각보다 심각한 문제가 될 수 있다. 사람들은 상심, 즉 마음이 미어진다고 말할 때 '미어지는 것'이 정확히 무엇인지 잘 모른다. 그래서 상심에 빠진 사람의 정신적 스트레스나 행동의 여러 측면을 잘못 해석하거나 혹은 완전히 무시하기도 한다.

이별이 남긴 상처 중에는 극복하기까지 오랜 시간이 필요하거나 완전히 치유되지 않는 것들도 있다. 이런 상처는 다른 모든 상처처럼 최대한 완전하고 빠르게 치유하는 것이 좋다. 그러려면 우선 슬픔이 우리에게 어떤 영향을 미치는지 구체적으로 알아야 한다. 맨 먼저 살펴볼 곳은 신체의 맨 위쪽, 바로 우리의 뇌다.

몇 년 전, 미시간대학교의 에단 크로스 박사와 그의 동료들은 최근 사랑하는 사람과 고통스러운 이별을 겪은 사람들을 찾는 공고문을 냈다. 큰 슬픔에 빠져있을 때 사람의 몸과 뇌가 어떻게 반응하는지 확인하기 위해서였다. 크로스 박사 연구팀의 실험에 참여한 지원자들은 그들이 실연한 연인의 사진과 함께 뇌 기능 영상장치(혈류량의 증가로 뇌의 어느 부위가 활성화되는지를 알 수 있는 뇌 영상 촬영 장치) 안에 배치되었다. 이어서 연구팀은 (잔인하게도) 그들에게 이별의 순간을 떠올려보라고 주문한 뒤 참여자들의 뇌 반응을 아주 미세한 단

층별로 촬영했다.

실험에 참여한 분들의 시련은 여기서 끝이 아니었다. 연구팀은 극심한 정서적 고통을 겪을 때 뇌 반응과 극심한 신체적 고통을 느낄 때 뇌 반응을 비교해보고자 했다. 따라서 이번에는 실험참여자들을 다시 뇌 기능 영상장치와 연결한 뒤 감각신경 분석기(아래팔의 피부에 열을 전달하는 장치, 열의 강도는 1부터 10단계까지 설정한다)를 사용해 그들의 팔에 열을 가했다. 7초 간격으로 열의 강도는 높아졌다. 처음에는 약간 불편한 느낌이 들 정도인 1단계로 시작해 참여자들이 '더는 통증을 견딜 수 없다'고 하는 단계에서 실험을 멈췄다. 8단계였다.

연구팀은 이제 정서적 고통을 느낄 때와 신체적 고통을 느낄 때 뇌의 반응을 비교해볼 수 있었다. 이들이 발견한 사실은 놀라웠다. 실험참여자들이 이별로 인한 슬픔을 다시 체험했을 때 활성화된 뇌의 특정 부위는 그들이 견딜 수 없는 신체적 고통을 경험할 때 활성화되는 뇌의 부위와 정확히 같았다.

이 실험의 결과를 일상에 적용하면 이렇게 생각할 수 있다. 정말 심한 두통, 복통, 요통 등에 시달렸던 때를 떠올려보라. 우리는 두통이나 복통을 '견딜 수 없는' 정도의 고통의 원인이라고 생각하지는 않는다. 그렇지만 이런 증상이 있을 때 우리의 심신은 아주 쇠약해진다는 사실은 잘 알고 있다. 통증이 견딜 수 없을 정도는 아닐지라도 몸을 가누기 어려울 때 우리는 능률적으로 일하거나 공부하거나 어떤 작업을 완수하기 어렵다. 누워있어야 하거나 진통제를 두 알씩 복용해야 한다.

그렇다면 '견딜 수 없는' 고통을 겪고 있을 때 일을 하고 공부를 하거나 책임을 완수해야 한다고 생각해보라. 창의적인 사고를 하고, 추론하고, 정확히 계산해 문제를 풀고, 작고 세밀한 것에 집중하고, 중장비를 작동하거나 장황한 이메일을 쓴다고 생각해보라. 사실 실험참여자들이 '견딜 수 없는' 고통에 시달린 시간은 거의 5초 정도였다는 사실도 생각해보자. 어떤 사건으로 인한 극심한 정서적 고통은 며칠이나 몇 주 아니면 1년 이상 지속되기도 한다.

앞서 언급한 뇌 기능 영상 실험은 슬픔을 겪을 때 뇌와 몸에 일어나는 일을 밝힌 수십 가지 연구 중 하나였을 뿐이다. 무수히 많은 연구에서 감정적 고통이 사람들에게 상당한 인지장애와 기능손상을 유발한다는 사실을 입증했다. 이를테면 사람들은 사랑하는 사람과 함께 할 수 없다는 생각만 해도 지능지수가 일시적으로 낮아진다. 한 연구에서는 실험참가자들에게 연인이 없어지는 상상을 하게 한 뒤 일련의 과제를 수행하게 했는데, 그들은 상상하기 전과 달리 논리와 추론이 필요한 업무를 제대로 해결하지 못했다.

예컨대 4년간의 암 투병 생활은 잘 이겨냈지만 6개월 동안 만난 리치와의 이별에 무너지던 캐시나 반려견을 잃고 일상생활을 힘들어하던 벤을 생각해보자. 이제 우리는 왜 캐시가 헤어짐을 이성적으로 받아들이지 못하고 벤이 평소처럼 업무를 수행하기 어려워했는지 이해할 수 있다. 누군가 온종일 거의 견딜 수 없는 신체적 고통을 겪는다면 그가 학교나 직장에서 제대로 지낼 수 있을 거라 기대하는 이는 아무도 없을 것이다.

우리의 뇌는 마음의 고통에 극심한 육체적 고통을 느낄 때와 똑같이 반응한다. 그러나 이것은 뇌가 슬픔에 반응하는 여러 갈래 중 하나일 뿐, 또 다른 방식도 있다. 이건 훨씬 더 서서히 진행되며 더 위험하다.

사랑의 슬픔에 중독되는 사람들

캐시는 리치의 이별 사유를 받아들이지 않았다. 그 주된 이유 중 하나는 그녀가 리치와 뉴잉글랜드에서 멋진 주말을 함께 보낸 후 불과 2주 뒤에 이별 통보를 받았기 때문이다. 캐시는 뉴잉글랜드에서 매우 행복한 시간을 보냈다고 확신했지만, 동시에 그 주말이 그들의 관계를 틀어지게 한 계기가 되었다고 생각했다. 캐시는 그 주말의 기억을 샅샅이 뒤지며 수개월을 보냈다. 그들이 함께 찍은 모든 사진, 주고받은 모든 문자 메시지를 반복해서 확인했다. 캐시는 강박증이 있는 사람처럼 행동했다.

캐시는 왜 리치의 이별 이유를 받아들이지 않고 마음을 정리하지 못했을까? 수개월에 걸쳐서 했던 생각을 또 하고 또 하는 것보다는 마음을 정리하는 편이 분명 덜 고통스러웠을 것이다. 그런데 캐시는 왜 헛된 노력을 계속할 수밖에 없었을까?

지난 기억을 반복해서 떠올리거나 추억의 사진을 살펴보는 것은 우리가 실연이나 반려동물의 죽음을 겪은 직후나 이후 며칠, 또는 몇 주까지 흔히 하는 행동이다. 그러나 이런 충동은 보통 시간이 지나면서 점차 줄어들고 어느 순간 모두 사라진다. 그러나 캐시는 그렇지 않았다. 분명 그런 충동적인 행동이 매우 고통스러웠을 텐데도 멈추지 않았다. 어쨌든 캐시는 한 번에 몇 분 혹은 몇 시간 동안 행복하고 멋진 주말의 기억 속으로 빠져들었다가 결국 혹독한 현실로 돌아오기를 반복했다.

"전, 마치 범죄 현장을 철저하게 조사하는 탐정이 된 것 같아요." 캐시는 상담 치료에서 내게 이렇게 설명했다. "그 시간과 현장에 단서들이 있다는 건 알지만 그걸 모두 연결할 수가 없어요!"

캐시는 탐정 같은 기분이 들었을 테지만 그 비유는 완전히 잘못된 것이었다. 캐시는 셜록 홈스처럼 행동하고 있는 것이 아니었다. 그녀는 마약 중독자처럼 행동하고 있었다.

뇌 연구에서 밝힌 바에 따르면, 연인 간의 사랑은 중독과 매우 밀접한 연관이 있는 뇌 구역(복측피개영역ventral tegmental area, 미상핵caudate nuclei, 측좌핵nucleus accumbens)과 신경화학 활성화와 관련 있다는 사실이 밝혀졌다. 실제로 열렬한 사랑을 하다가 이별을 겪은 사람의 뇌는 코카인이나 헤로인 금단현상을 겪고 있는 중독자들의 뇌와 매우 유사한 반응을 보인다. 우리는 실연의 상대(마약)에게 열렬히 빠져 강한 열망을 느낀다. 상대를 향한 감정을 잊어버리거나 무시하거나 조절하기는 매우 어렵다. 사랑하는 상대를 만나지 못하면(마약을 못하면) 다른 일에 집중할 수 없고 불면증과 식욕부진에 시달리며 또한 불안감, 무기력, 성마름, 한바탕 울기, 우울증이 생길 수 있다. 마약 중독자들은 마약 외에는 그들의 고통을 덜어줄 수 있는 건 아무것도 없다는 강렬한 결핍감을 느끼는 데 이별한 사람들 또한 비슷한 결핍(외로움)을 느낀다.

캐시는 강한 금단현상을 겪고 있었지만 이를 전혀 깨닫지 못하고 있었다. 캐시는 리치(그리고 애정 관계)에 대한 열망이 매우 강했고, 리치가 사라진 상황에서 자신이 할 수 있는 유일한 방식으로 마약을 얻고 있었다. 리치라는 진짜 헤로인을 가질 수 없어지자 리치와의 추억이라는 메타돈

methadone(헤로인 치료제로 쓰이는 아편류의 약)이라도 얻고자 한 것이다.

캐시는 자신의 뇌가 어떤 행동을 어떻게 유발하는지 인식하지 못했다. 그녀는 다만 풀어야 할 미스터리가 있다고 확신했고, 열심히 생각을 곱씹는 것을 자신이 할 수 있는 유일한 일로 이해했다. 그러나 사실 캐시가 주말의 기억을 계속 떠올리는 진짜 이유는 무엇이 잘못되었는지를 찾기 위해서가 아니었다. 오히려 그 주말이 얼마나 행복하고 멋졌는지를 다시 확인하기 위해서였다. 캐시는 단서 찾기라는 구실을 만들어 그때의 행복한 순간을 최대한 생생하게 다시 기억하고 자신에게 마약을 제공하고 있었다. 다시 말해, 캐시는 그녀가 몹시도 갈망하는 것, 리치와 함께 있는 느낌을 조금이라도 느끼고 싶었던 것이다.

사랑하는 사람과 이별한 사람들이 마약에 중독된 것처럼 행동하는 것은 매우 흔한 일이다. 사람들은 이별한 상대를 직접 만나거나 문자로 연락하거나 혹은 마음속으로라도 생각하기 위해서 애써 여러 가지 명분을 지어내곤 한다. 예를 들어 언젠가 나는 전 남자친구에게 시달리는 한 여성 환자를 치료한 적이 있다. 그녀의 전 남자친구는 그녀의 아파트에 남겨둔 물건이 있다며 그걸 핑계로 그녀를 다시 보려고 했다. 그는 물건을 건네받을 때마다 그녀와 직접 만나기를 고집했다. 먼저 그는 서랍에 넣어둔 자신의 티셔츠를 달라고 했다. 며칠 뒤에는 두고 간 수건을 돌려달라고 했다. 그녀는 그가 주방 찬장에 둔 걸 잊고 있었던 커피잔을 달라고 세 번째로 요청했을 때는 딱 잘라 거절했다.

가끔 사람들은 명분조차 건너뛰고 강력한 충동만 채우기도 한다. 아예 금단현상조차 일어나지 않도록 열망의 대상에 집착하고 충동적인 행동을 하는 것이다. 이를테면 그 사람에게 '실수로' 문자를 보내거나 전화를 걸고, 단체 이메일에 '우연히' 상대를 포함 시키고 그와 마주치길 바라며 그가 자주 출몰하는 곳에서 많은 시간을 보내고, 상대의 친구와 가족을 찾아내는 등의 행동을 할 수 있다. 그러나 소셜미디어 시대에서 실연 대상에 대한 열망을 만족시키는 가장 손쉽고 흔한 방법은 역시 소셜미디어를 활용하는 것이다.

아주 손쉬운 사이버스토킹

데브는 이혼한 40대 영업 매니저로, 처음에는 내게 직업 경력과 관련한 문제로 상담 치료를 받으러 왔다. 몇 번의 상담 치료를 받다가 데브는 무심코 오래전 대학 다닐 때 사귄 여자친구의 페이스북, 인스타그램, 스냅챗, 트위터를 살펴보느라 밤을 새웠다고 내게 말했다. 그는 현재 만나는 여자친구와 심하게 다투었다는 얘기를 하던 참이었다.

"아뇨, 전혀 아니에요, 오해하지 마세요." 나도 모르게 눈썹을 치켜들자 데브는 내게 설명했다. "전 완전히 그녀를 잊었어요. 그건 그냥 스트레스를 받으면 하는 행동이에요." 데브는 손사래를 치며 말했다. "저는 가명으로 계정을 사용하니까 전혀 해가 없어요. 그녀는 그게 나란 걸 전혀 몰라요."

데브는 대학 때 사귄 여자친구와 헤어진 지 20년 이상이 지났다. 데브는 결혼 생활을 11년 동안 했고 이혼 후에는 두 번 정도 짧은 연애를 했다. 나는 그에게 대학 때 사귄 여자친구를 언제부터 온라인으로 지켜보기 시작했느냐고 물었다.

"결혼했을 때인 것 같아요." 데브는 솔직히 털어놨다. "보

통 전처와 다투고 난 뒤에 보곤 했어요. 그러니까, 마음을 진정시키려고요."

데브에 따르면, 그는 대학 때 사귄 여자친구와 헤어진 뒤 그녀를 오랫동안 생각한 것도 아니었다. 그러나 가끔 데브는 그녀의 소셜 미디어를 강박적으로 확인했다. 내가 강박이라는 용어로 데브의 행동을 특징짓자 그는 바로 거부감을 보였다. 그는 자신의 행동에 강박적인 충동은 전혀 없다고 여겼다. "그냥 기분전환일 뿐이에요. 캔디크러쉬 같은 게임처럼 스트레스를 풀기 위한 유치한 행동일 뿐이에요." 데브는 말했다.

"당신은 밤을 지새웠다고 했어요. 밤에 그렇게 에너지를 소모했는데, 다음 날 제대로 일할 수 있었어요?" 나의 지적에 데브는 고개를 가로저었다. 나는 계속해서 말을 이었다. "밤을 새우고 결근할 부담이 생길 정도면 그런 행동에 따르는 충동이 꽤 강력하다고 생각하지 않으세요?" 데브가 고개를 끄덕였다.

데브의 행동을 보고 나는 사람들이 중독성 물질의 사용을 중단할 때 흔히 일어나는 증상이 떠올랐다. 과거에 애연

가였다면 담배를 몇 년 동안 끊었을지라도 스트레스 상황이나 어떤 자극으로 인해 갑자기 담배를 피우고 싶은 강렬한 욕구를 느낄 수 있다. 마찬가지로 술이나 마약에 중독됐던 적이 있는 사람들은 오랫동안 그것을 끊고 지내다가도 갑작스레 강한 충동이 생길 수 있다. 무엇에 중독되어 본 적이 있는 사람들은 (담배를 포함해서) 중독의 위력을 잘 알고 있다. 몇 년 동안 담배를 끊고 지내다가 어쩌다 담배를 단 한 모금 피웠을 뿐인데 며칠 동안 니코틴에 대한 갈망에 시달리거나 다시 흡연자가 되는 일이 흔하다. 이런 경향은 술이나 약물, 도박 중독자들도 마찬가지다.

그러나 사람들은 수년 전 실연의 상처를 준 상대를 충동적으로 온라인으로 찾아보는 행동이 그 사람에 대한 중독을 다시 불러올 수 있다는 사실은 잘 모른다. 그런 행동이 단순한 호기심으로 인한 것이며 무해하다 생각한다. 무엇보다 이 행동이 거의 언제나 현재의 인간관계에서 느끼는 외로움과 좌절 같은 심리적 스트레스에 대한 대응이라는 걸 인식하는 사람은 거의 없다. 이런 행동이 중독 반응과 관련되어 있다는 점은 우리가 가장 중요하게 살펴봐야 할 문제다.

중독적인 충동임에도 불구하고 사람들 사이에 이런 행동 패턴은 매우 흔해졌다. 아주 손쉽고 편리하기 때문이다. 장소와 시간에 상관없이 우리는 손안의 스마트폰으로 시공간을 가로질러 순간이동을 하고, 얼마든지 타인의 삶을 관찰할 수도 있다. 우리는 현재 보고 싶은 사람들의 글과 사진, 영상을 보는 수준이지만, 앞으로 VR이나 AR 기술이 더 상용화된다면 이러한 '가짜 연결'의 힘은 더 강해질 수도 있다.

중독자들은 중독을 불러일으킬 만한 모든 요소를 그의 주변에 두지 않도록 주의한다. 마약 중독자라면 마약 밀매자의 연락처를 지운다(적어도 지우려 노력한다). 그러나 과거 연인을 강박적으로 온라인으로 지켜보는 행동을 할 때 사람들은 그런 주의를 기울이지 않는다.

우리는 그런 행동이 몇 년 전의 상처나 새로 생긴 상처를 다시 들쑤시고 있는 것임을 깨달아야 한다. 상실로 인한 고통을 악화시키거나 아물었던 옛 상처가 다시 아프지 않길 바란다면 충동적인 행위에 몰두하는 행동을 차단해야 한다. 그녀 혹은 그를 SNS 친구 목록에서 삭제하고 팔로우를 끊고 그 사람과 관련된 매체를 다시 보지 않도록 해야 한다. 물론 말이 쉽지, 실천은 굉장히 어려울 수 있다. 하지만 이것만이 유일한 방법이다.

옛 애인의 SNS 계정을 삭제하는 것만으로는 충분하지 않다. 가벼운 사이버 스토킹을 한 번이라도 해본 사람은 알겠지만, 그 사람의 계정을 끊고 나면 자기도 모르게 그의 친구나 가족의 소셜 미디어 계정을 보기 시작할 수 있다. 거기서 그 사람의 소식이나 사진을 볼 수 있길 바라면서 말이다. 따라서 가능한 모든 접근 요인을 완전히 없애는 게 좋다. 온라인 공간에서 그 사람과의 모든 연결고리를 끊는 일이 너무 가혹하고 잔인하다고까지 생각할 수 있다. 하지만 눈이 뻘게지도록 하루의 많은 시간을 그 사람의 흔적을 찾아보는 일을 그만두고 싶다면, 지나간 사람에 대한 애착을 끊어내고자 한다면 연결고리를 없애야 한다.

상대방 모르게 혼자 하는 종류의 사이버 스토킹은 보통 이별한 지 얼마 되지 않았을 때 흔히 나타나는데, 데브는 대학 때 사귄 여자친구와 이별한 지 20년의 세월이 흘렀다. 그래서 나는 두 사람이 어떻게 헤어졌는지 듣고 싶었다.

"정말 힘들었어요." 데브가 그때를 얘기해주었다. "그녀는 제게 처음으로… 삶의 전부인 그런 사람이었어요. 그녀는 대학을 졸업한 후에는 캘리포니아로 돌아가기로 했고 장거리 연애를 원하지 않았어요. 난 적어도 장거리 연애를 시도해 보자고 설득하려고 했지만, 소용이 없었어요. 나는 정말 그녀를 사랑했어요… 그게 어떤 건지 아시죠?… 자존심이 없어져요. 그래서 붙들고 애원했어요. 곁에 있어 달라고 간청했고 또 장거리 연애를 해보자고 부탁했어요. 하지만 그녀는 이미 마음의 결정을 내렸어요. 말했듯이 저는 자존심은 이미 없는 상태였으니까, 개의치 않고 계속 애원했어요. 하지만 내가 애원할수록 그녀는 더욱 냉정해졌어요. 나는 결국 화를 내기 시작했어요. 그녀에게 나처럼 좋은 사람은 절대 못 만날 거라고 했어요. 또 캘리포니아에서 절대 행복할 수 없을 거라고도 했죠. 그 뒤로 그녀는 내게 말도 하지 않았어요."

　　데브는 고개를 숙이고 계속 말을 이었다. "그게 끝이라고 믿고 싶지 않았어요. 힘들었어요, 정말 힘들었어요. 저는 거의 제정신이 아니었던 것 같아요. 비명을 지르고 고함을 치다가 나중에는 애처럼 울었어요."

데브의 경험은 극적이었지만 흔히 있는 일이었다. 누구나 슬픔에 장악당하면 이별이라는 현실을 받아들이기 힘들어한다. '항의 단계'라고 불리는 이 시기에 우리는 사랑하는 사람의 애정을 되찾기 위해 무엇이든 하려 한다. 상대가 관계가 끝났음을 매우 분명히 밝힐 때도 그렇다. 데브는 논리적으로 설명하며 상대를 설득하려고 했다. 그리고 그녀에게 죄책감을 느끼게 하고 애원했다. 하지만 모두 소용없는 일이었다.

우리가 관계를 회복할 수 없음을 마침내 인식하면 나타나는 반응은 바로 '버림받음으로 인한 분노'다. 이 반응은 분노와 엄청난 충격 사이에서 마음이 오락가락하는 것이 특징이다. 이별 후 며칠 뒤 데브는 전 여자친구에게 수십 통의 전화와 문자를 남겼다. 처음엔 분노를 담은 장황한 비난을, 그다음엔 눈물의 사과를, 그러고는 또 한바탕 몹시 화를 내는 문자를 남겼다.

이별의 현실을 받아들이려 애쓰는 과정은 다른 큰 슬픔을 겪을 때의 심리작용과 사뭇 다르다. 이별로 인한 상심은 반드시 슬픔의 수용 5단계(충격이나 거부로 시작해, 분노와 격분,

타협, 절망, 마지막으로 수용)를 순서대로 거치지 않는다. 대신 거부와 절망 사이, 희망과 격노 사이, 무력함과 분노 사이를 오가며 마음이 흔들리곤 한다. 이런 감정의 격렬한 파동 때문에 데브는 스스로 '제정신이 아니'라고 느낀 것이다. 물론 사랑의 상실이라는 상황에 내몰리면 사람이 느낄 수 있는 감정의 범위는 어느 때보다 넓어지며, 감정 추 또한 크게 흔들린다. 실제로 큰 상심에 빠진 사람들은 자신이 진짜로 미치거나 신경쇠약에 걸릴 것 같다고 두려워한다.

어떤 사람들은 진짜로 신경쇠약에 걸리기도 하지만 대다수는 그 정도로 보상작용(육체적·정신적인 의미에서 자신에게 만족스럽지 못한 면이 있거나, 열등감이 강할 때, 그 불쾌감을 보충하려는 심리작용)의 상실을 겪지는 않는다. 이별 직후 미친 사람처럼 행동하는 시간이 있을 수는 있다. 하지만 이는 보통 순간적이다. 이별 후 사람들에게는 불안과 우울증뿐 아니라 불면증, 식욕부진, 각종 충동이 매우 흔히 나타난다. 하지만 이런 증상들은 정신병원에 입원할 정도로 이성을 완전히 잃어버린 상태와는 대체로 관련이 없다.

그러나 '미치는 것 아닌가'하는 두려움은 실제로 문제가 된다. 그러다 정말로 미칠 수 있어서가 아니라 (반복해서 말하지만 미치지는 않는다) 그 두려움으로 생기는 걱정이 이미 부담이 과중 된 대응기제coping mechanism(대처하기 어려운 위협·도전·위험 등에 처해 있을 때 이에 대처하는 심리적 반응양식)에 엄청난 스트레스와 고통을 보태기 때문이다. 그러면 우리는 신경쇠약이 아니라 해롭고 무섭기까지 한 다른 정신적 증상이 생길 위험에 처하게 된다.

슬픔이 우리의 몸, 마음, 뇌에 남기는 상처들

데브는 전 여자친구가 캘리포니아로 떠나는 날이 다가오자 점점 나빠지는 그의 정신건강을 더욱 걱정하게 되었다. 데브는 평소와 달리 온통 분노와 슬픔이 가득했다.

데브의 친구들도 걱정하기 시작했다. 친구들은 데브의 그러한 모습을 처음 보았고 더군다나 그들 중 누구도 데브만큼 극심한 실연의 상처에 아파 본 적이 없었다. 그래서 친구들은 데브의 증상이 흔한 것인지, 어떻게 도와줘야 하는

지 알 수가 없었다. 결국, 친구들은 데브를 도와주기 위해 청년들의 전통적인 치료법을 선택했다. 테킬라였다.

"여자친구가 캘리포니아로 떠난 날 밤에 친구들이 술을 사주겠다고 했어요." 데브는 이야기를 이어갔다. "저도 그게 좋겠다고 생각했어요. 그래서 친구 앤디의 집에 가려고 지하철로 내려갔어요. 그런데 지하철을 타는 순간, 가슴이 죄어오기 시작했어요. 정말 순식간이었어요. 숨을 쉬는 게 고통스럽고 공기를 마실 수가 없었어요. 심장마비가 오는구나, 생각했어요."

데브는 재빨리 손을 들어 올렸다. 그는 내가 무슨 말을 할지 다 안다는 뜻을 먼저 내비쳤다. "저도 잘 알아요, 선생님. 22살의 건강한 청년이 갑자기 심장마비를 일으킬 이유가 전혀 없죠. 그런데 그땐 정말 그렇게 느껴졌어요. 그리고 이런 생각이 들었어요. 이런 거구나, 죽을 것 같은 느낌이!"

데브는 앤디의 아파트에 가까스로 도착했다. 앤디는 창백한 얼굴로 문간에 서서 가슴을 꽉 움켜쥐고 있는 데브를 바로 응급실로 데려갔다. 데브는 병원에서 심장 정밀검사를 받았다. 의사는 데브에게 그는 심장마비가 아니라 공황발작을 일으킨 거라 설명했다.

공황발작이 오면 숨이 가쁘고, 가슴이 죄는 듯 답답하며, 죽을 것 같은 느낌이 든다. 공황발작을 처음 겪는 사람들은 대부분 그들에게 심장마비가 온 거라고 확신한다. 그러나 공황발작이 간단한 문제는 아니지만, 심장마비보다는 건강과 수명에 훨씬 덜 위협적이다.

그렇다고 데브의 두려움이 완전한 오해는 아니었다. 드물긴 하지만 이별로 인한 슬픔이 실제로 심장발작을 일으킬 수 있다. 몇몇 사람들은 이별 직후 스트레스와 정서적 고통으로 상심증후군broken heart syndrome을 겪는다. 상심증후군은 심각한 가슴 통증과 함께 발작을 일으키고, 노르에피네프린norepinephrine과 에피네프린epinephrine(극심한 스트레스와 관련된 신경전달물질)이 정상 수치보다 30배까지 높아져 심장마비 환자들과 비슷한 증상을 보인다. 그러나 상심증후군 환자들이 동맥이 막히거나 돌이킬 수 없는 심장 손상을 겪는 것은 아니다. 또한, 심장마비보다 빠르게 회복된다.

슬플 때 우리 몸은 '투쟁 혹은 도피 상태fight or flight'의 위태로운 상태에 놓이며, 코르티솔cortisol(스트레스 호르몬)이 넘

쳐나게 된다. 코르티솔은 몸의 면역체계기능을 약화시키고 병이나 바이러스에 취약해지게 한다. 이 상태에서는 회복도 어렵다.

한 연구에서는 가슴앓이가 면역체계기능을 억제시킨다는 사실을 발견했다. 이것이 우리가 극심한 스트레스 상황에 있을 때 지친 느낌이 들고 감기나 독감에 쉽게 걸리는 이유다. 우리의 면역체계가 효과적으로 기능 하지 못하기 때문이다. 더 나아가 스트레스가 만성이 되면 심혈관 기능과 소화력에 악영향을 줄 수 있고 심장병, 비만, 2형 당뇨병이 생길 가능성을 높인다.

스트레스는 우리의 대응기제 또한 약화시킨다. 그 때문에 정신적인 한계점이 낮아져, 보통 대수롭지 않게 여길 소소한 짜증이나 실망이 대응기제를 뚫고 나와 더 큰 고통과 발작을 끌어낼 수 있다. 예컨대 아침에 냉장고 문을 열고 우유가 떨어진 것을 보고 눈물을 터뜨리거나, 비 오는 날에 우산을 챙겨오지 않은 실망감에 소리를 지르고 싶거나, 사소한 규칙을 어긴 친구나 사랑하는 사람에게 고래고래 화를 낼 수도 있다.

이별의 슬픔에서 빠져나오려고 애쓰던 수개월 동안 데브는 지치고 무기력해졌을 뿐 아니라 두통이나 위통과 상기도 질환도 자주 앓았다.

이별 때문에 극심한 슬픔에 시달릴 때 거의 미친 것처럼 생각하고 행동하는 것은 신경쇠약의 징후가 아니라 끔찍한 정서적 고통의 반응이다. 충격과 슬픔이 어느 정도 가라앉으면 그 또한 진정될 것이다. 이미 몸과 마음에 심한 스트레스를 받고 있는데 '내가 미치는 건 아닐까?'라는 생각까지 더할 필요는 없다.

이별 때문에 공황발작까지 겪을 정도로 극심한 감정의 파동을 겪었는데도 데브는 스스로 그 여자친구를 잊고 마음을 정리했다고 확신했다. 정말 그는 여러 가지 면에서 극복하긴 했지만, 오래전 상처가 아물었더라도 그와 관련된 정서적, 심리적 취약성은 여전히 남아 있을 수 있다. 데브는 천진스럽게 20년 전 여자친구를 온라인으로 찾아보기 시작했을 테지만 그런 행동을 수년 동안 반복하며 무심코 과거의 상처를 들쑤셨다. 데브가 상처의 문을 닫으려면 옛 여자친구를 생각하는 그의 감정의 일부가 수십 년이 지나도 여전히 남아 있다는 사실을 먼저 받아들여야 했다.

슬픔에 관한 한 연구에 따르면 상심을 겪은 뒤 생긴 비관적인 생각은 그 사람의 성격이나 정신건강에 영향을 미칠 수 있고, 이때 다시 전처럼 돌아가기는 어려우며 회복이 불완전하다고 한다. 나는 이 연구 결과가 의미하는 바를 데브와 상의하기로 했다. 그가 수십 년이 지나도 옛 여자친구에게 여전히 집착하는 이유를 알아낼 틀을 마련해주기 위해서였다. 데브는 자신이 해결되지 못한 이별의 비탄에 여전히 빠져있다는 내 주장에 발끈했다.

"해결되지 못한 비탄에 빠져있다고요? 대학 때 사귄 여자친구에 관해서요? 그런 건 전혀 아니에요." 데브가 우겼다. "그녀에 대한 비탄은 하나도 없어요. 말했잖아요. 그녀를 잊었다고요."

"그런데도 당신은 온라인으로 그녀를 스토킹하느라 오랜 시간을 보내잖아요."

"스토킹이란 표현이 정말 마음에 안 들어요." 데브는 반박했다.

"그러면 그녀를 감시하고 있었나요."

"감시는 더 심한 말로 들리네요." 데브는 대답했다.

"스파이 행위는 어떻게 들리세요?"

"알았어요!" 데브는 단념했다. "온라인으로 그녀를 스토킹했다고 칩시다. 그렇지만 비탄의 감정은 없어요."

"알겠어요, 당신에게 비탄의 감정은 없어요." 나는 동의했다. "하지만 그녀의 사진과 영상을 보고 어떤 느낌이 들었어요?" 데브는 어깨를 으쓱했다. 나는 끈질기게 말을 계속 이어갔다. "감정적 반응이 전혀 없었다는 뜻인가요? 가슴이 전혀 아프지 않고, 속도 뒤틀리지도 않고, 열망의 고통도 전혀 없었다는 말이죠?"

데브는 처음으로 자신의 행동을 돌이켜보며 곰곰이 생각해보았다. "가슴이 아프거나 속이 뒤틀리지는 않지만, 열망의 고통은 있는 것 같아요." 데브가 시인했다.

"거기에 완전히 치유되지 않은 감정의 상처가 있어요." 내가 설명했다. "그 상처가 아주 크다는 것도 아니고 치유할 수 없다는 얘기도 아니에요. 하지만 온라인으로 그녀를 스토킹하는 행동은 그 상처를 계속 생생하게 만들고 있어요. 그런데 그것만이 당신에게 상처를 주고 있는 건 아니에요."

나는 덧붙여 말했다.

데브가 고개를 위로 젖히며 물었다. "그건 또 무슨 말이에요?"

"문제가 되는 건 스토킹뿐만이 아니에요, 당신이 언제 그녀를 온라인으로 찾아보는지, 그 시기도 생각해봐야 해요. 그건 거의 언제나 당신이 만나는 여성에게 좌절을 느끼거나 화가 날 때죠. 당신은 옛 여자친구를 감정의 탈출구로 이용하고 있는 거예요. 현재 관계의 문제를 해결하는 데 노력을 쏟는 대신 말이죠."

나와 더 많은 이야기를 나누면서 데브는 자신의 행동 패턴을 인식할 수 있었다. 옛 여자친구를 찾아보는 것은 현재 여자친구와 갈등이 생겼을 때 그 스트레스 상황에서 벗어나려는 데브의 습관적 행동이었다. 다시 말해, 다시 상심에 빠질까 봐 자신을 보호하는 무의식적인 태도이자 행동이었다.

당신이 과거의 연인을 마음속에서 (또는 당신의 전자 기기를 통해) 다시 찾아간다면, 특히 그가 슬픔만 남긴 채 떠난 연인이었다면, 당신은 현재 만나고 있는 사람과의 관계 맥락을 깊이 생각해보아야 한다.

당신은 '갑자기' 또는 '우연히' 과거의 연인을 떠올리고 그나 그녀를 찾아보기로 했겠지만, 사실 당신의 행동은 갑작스러운 것도 우연한 것도 아니다. 그런 행동은 거의 언제나 현재의 어떤 사건에 대한 반응, 더 정확히 말하면 현재의 애정 관계에 대한 반응이다.

관계를 건강하게 유지하기 위해서는 현재 당신의 마음에 걸리는 것이 무엇인지 정확하게 알아야 한다. 과거의 상대를 떠올리며 그 시간 뒤로 숨어버리거나 그때 감정을 다시 표출시키지 말고, 현재 만나는 상대와 문제를 풀어나가야 한다.

나는 몇 개월 더 데브와 상담 치료를 했다. 그러는 동안 데브는 가짜 계정을 지우고 어떤 식으로든 옛 여자친구를 스토킹하는 행동을 그만둔다고 약속했다. 그러고 나서 우리는 데브의 현재 문제에 다시 집중할 수 있었다. 그리고 데브는 현재 관계에서 생긴 갈등을 해결하기 위한 더 알맞은 방법을 알게 되었다. 몇 개월 뒤에 데브의 여자친구는 바뀌었다.

마음의 상처는 몸과 마음과 뇌에 직접적인 악영향을 미친다. 안타깝게도, 우리는 자신도 모르게 이런 악영향을 속

수무책으로 받아들이고 나쁜 상황을 더욱 악화시키곤 한다. 다음 장에서는 마음 건강을 회복하기 위한 첫 번째 단계로, 상황을 악화시키는 좋지 않은 습관들을 멈추는 방법에 관해 얘기하려 한다.

3

슬픔의 폐쇄회로에서 벗어나는 유용한 방법들
고통의 무한엔진 끄기

●●●

우리는 자신이 느끼는 감정적 고통이 매우 극적이라면,

분명 똑같이 극적인 원인이 있을 거라 무의식적으로

추정한다.

실제로 그런 원인이 없을 때도 말이다.

고통과 슬픔을 멈출 수 있는 스위치가 있다면 그 스위치를 누르면 될 것이다. 그러나 애석하게도 그런 스위치는 존재하지 않는다. 다만 기분을 악화시키고 슬픔을 더 심각하게 하고 회복을 더디게 하는 정신의 스위치만 있다. 우리는 자신도 모르게 그 스위치를 누르곤 한다.

어쩌면 슬픔에 관한 가장 슬픈 현실은 이것이다. 우리는 우리에게 좋지 않은 방식으로 행동할 때 보통 본능적으로라도 그 길이 옳지 않음을 느낄 수 있다. 그러나 슬플 때의 우리는 스스로 전혀 도움이 되지 않는 길로 걸어 들어갈 때조차 그게 문제임을 잘 인식하지 못한다. 심지어 매우 옳다고 느낄 수도 있다. 그럴 때의 생각과 행동은 심리적으로 상당한 해가 될 수 있다.

매듭을 잘 지어야 한다

뉴잉글랜드에서 멋진 주말을 함께 보낸 후 리치와 이별한 캐시는 그 여행에서 있었던 일을 하나도 놓치지 않고 분석하는데 수많은 시간을 보냈다. 캐시는 그때 이별의 원인이 될 만한 일이 분명 있었으리라 확신했다. 캐시는 여행 이미지들이 끊임없이 머릿속에 떠올렸다. 그리고 그것들을 하나씩 추적하여 중요한 단서를 찾아낼 수 있기를 바랐다.

그러나 캐시의 탐색은 부정확한 두 가지 추정에 근거하고 있었다. 첫 번째, 캐시는 주말에 뭔가 중요한 일이 일어났다고 추정했다. 그 중요한 일 때문에 2주 후에 리치와 이별을 하게 되었다고 생각한 것이다. 하지만 리치는 이별의 이유를 이미 설명했다. 그 이유는 두 사람의 관계가 계속될 수 없다는 사실을 충분히 설명할 뿐 아니라 리치가 어떤 사람이었는지 잘 보여주는 것이었다.

이별이 안겨준 괴로움에도 불구하고 캐시는 여전히 리치가 정말 좋은 남자라고 생각했다. 캐시와 그녀의 친구들은 모두 리치를 유달리 착하고 예의 바른 사람으로 평가했다. 그는 정말 그랬다. 리치는 캐시와 사귄 6개월 동안 그녀에게 공감하고 연민하는 태도를 변함없이 보여주었다. 리치는 캐시에게 이별을 말할 때도 그녀를 배려하려 한 것 같았다.

리치는 캐시를 정말 좋아하고 소중히 여기며, 그녀와 함께 있으면 즐겁다고 강조했다(그런 이유로 리치는 거의 이별을 앞두고도 캐시와 함께 멋진 주말을 즐길 수 있었다). 하지만 6개월 동안 캐시와 만나며 리치의 감정은 캐시만큼 진전을 보이진 않았다. 리치는 캐시를 좋아하는 만큼 사랑하지는 않았다. 리치는 관계에 있어 노력과 기회가 필요하다고 생각했고, 그래서 캐시에게 뉴잉글랜드에서 멋진 주말을 함께 보내자고 제안했다. 그녀에 대한 감정이 사랑의 마음으로 기울어질 수 있을지 확인하고자 한 것이다. 그러나 리치는 감정이 바뀌지 않은 사실을 깨닫자 더 늦추지 않고 바로 캐시에게 알려주었다. 리치는 캐시가 이미 암 투병으로 힘든 시간을 보낸 것을 잘 알고 있었고 이별을 고민하며 시간을 더 끄는 것은 캐시에게도 좋지 않다고 생각했다.

다시 말해, 풀어야 할 미스터리는 전혀 없었다. 두 사람이 함께 보낸 멋진 주말에 그들의 관계를 틀어지게 한 일은 없었다. 더 정확히 말하면, 리치의 감정을 바꿀 만한 일은 일어나지 않았다. 두 사람은 멋진 시간을 보냈지만, 리치는 더 멀리 나아가 사랑에 빠지지 못했을 뿐이다.

캐시의 두 번째 추정은 훨씬 더 큰 문제였다. 캐시는 리치의 마음을 돌린 그 일이 무엇이든 간에 그게 분명 자신의 책임이라고 확신했다. 이별에 책임을 지려는 마음이 들면서도 자신이 무슨 잘못을 했는지 모르기 때문에 캐시는 더욱 필사적으로 해답을 찾으려고 했다.

리치가 이별의 이유를 합리적으로 설명했지만, 캐시는 그 사실을 사실로 받아들이기를 거부했다. 이것이 엄청난 실수였다. 이 실수는 캐시의 마음 회복에 상당한 걸림돌이 되었다. 이별의 슬픔에 관한 여러 연구에서는 이별 직후 건강한 감정조절을 가능하게 하는 변수를 밝히고자 했다. 그중 마음에 상처를 준 사람을 잊고 마음을 정리할 수 있는 한 가지 중요한 방법으로 밝혀진 것은 이별의 이유를 명확히 이해하는 것이었다. 관계가 왜 끝났는지 분명하게 이해한다면 매듭을 빠르게 지을 수 있다. 캐시도 리치의 이별 이유를 받아들였다면 수개월 동안 불필요한 정신 분석을 할 필요도, 극심한 정서적 고통을 계속 겪지도 않았을 것이다.

자기 비난은 그만

캐시가 자신에게 입힌 심리적 피해는 마음 건강의 회복
을 늦추기만 하는 것이 아니라 상처의 범위를 훨씬 더 키웠
다. 캐시는 이별의 원인이 무엇이든 결국 다 본인 탓이라고
생각하고 심신을 지치게 하는 상실감에 빠져들고 있었다.
상심이 시작되고 6개월 후에도 감정이 줄어들지 않으면 '복
합적 슬픔complicated grief'이라 부르는 슬픔에 대한 비정상적인
반응 징후가 나타날 수 있다(복합적 슬픔은 '지속성 복합 사별 장
애persistent complex bereavement disorder'로 부르기도 한다).

연구에 따르면 자신에 대한 '부정적 인식'은 복합적 슬픔
을 결정적으로 악화시키는 1등 요소다. 부정적 인식은 자신
에 대해 나쁘게 생각하여 긍정적으로 삶을 다시 시작하지
못하게 하는 부정확한 사고나 믿음을 말한다. 부정적 인식
의 세 가지 주요 심리적 특징은 다음과 같다. 첫째, 자기 비
판적이고 해롭고 극단적이다. 둘째, 언제나 어느 정도 부정
확하다(보통 상당히 부정확하다). 셋째, (이것이 가장 큰 문제인데)
부정적 인식을 사실이라고 확신한다. 부정적 인식이 있을

때 그 타당성에 의문을 갖는 경우는 거의 절대 없다. 우리는 부정적 인식을 객관적인 진실이라고 생각한다.

부정적 인식은 결코 드문 일이 아니다. 가벼운 형태라도 부정적 인식을 어느 정도 마음에 품는 일은 흔하기 때문이다. 부정적 인식은 주로 상심과 슬픔은 물론이고, 낮은 자존감, 우울, 걱정 등의 감정과 함께 존재한다. 대부분의 심리치료는 환자의 부정적 인식을 파악하고 해결하는 일과 관련이 있다. 부정적 인식에는 여러 유형이 있다. 그중에서도 지나친 자기 비난은 슬픔을 장기화하고 복합적 슬픔까지 끌어낼 위험이 큰 유형이다.

캐시는 자신이 이별을 초래한 중요한 실수를 저질렀다고 확신했다. 캐시는 그녀의 확신이 완전한 오해라는 것을 전혀 알지 못했다. 따라서 그녀는 자신의 오해와 추측이 슬픔을 이겨내지 못하게 하는 방해물이 된다는 사실과 우울과 불안이 생길 위험을 증가시킨다는 사실도 인식하지 못했다.

자기 비난은 소중한 반려동물을 상실했을 때도 마찬가지로 흔히 일어난다. 뭔가 잘못되었음을 더 빨리 알아채지 못했다고 자신을 꾸짖는 것이다. 예컨대 집안 창문이나 현관

을 열어 두었다고, 조용한 거리에 차가 지나갈 줄 예상하지 못했다고, 개 줄을 꼭 잡고 있지 못했다고, 해로운 것을 먹은 사실을 몰랐다고, 마지막 순간에 곁에 있지 못했다고, 또는 살아있을 때 충분히 아껴주고 고마워하지 못했다고 자신을 책망하곤 한다.

이런 자기 비난만으로 저절로 복합적 슬픔이 생기지는 않는다. 이별의 상처로 마음이 아플 때 자신을 비난하려는 태도는 흔히 있는 일이다. 그러나 자신을 비난하는 감정을 너무 오래 간직하면 복합적 슬픔에 빠질 위험이 커진다.

데이트에 대한 두려움이 있는 의대생 로렌은 두 번째 데이트를 거절당한 후 며칠 동안 울었다. 로렌은 그 거절만으로 외모에 대한 지나친 불안감이 증폭됐다. 누구나 거절당하면 자신의 단점에 집중하게 되지만, 그 집중이 참담할 정도로 지나치다면 문제가 있다. 이를테면 흔히들 '내가 더 예뻤더라면, 몸이 더 좋았다면'이라거나 '내 웃는 모습이 별로 마음에 안 들어' 라고 생각한다. 하지만 로렌은 '나를 원하는 남자는 세상에 없을 거야!', '난 영원히 혼자 지낼 거야' 같은 극단적인 생각으로 스스로 괴롭혔다.

로렌의 부정적 인식은 데이트를 거절당한 즉시 생겨났기 때문에 복합적 슬픔을 겪은 것은 전혀 아니었다. 그러나 로렌이 너무 가혹한 자아 인식에 의문을 품지 않으면, 분명 다른 심리적 장애가 생길 위험이 있다.

모든 부정적 자아 인식이 그러하듯, 로렌의 부정적 자아 인식도 전혀 객관적인 현실을 반영하지 않은 것이었다. 로렌은 온라인 연애 사이트에 프로필을 올린 지 채 일주일도 되지 않았을 때 첫 데이트 약속을 잡았다. 그리고 로렌은 그때 이미 12명 정도의 남자에게 연락을 받은 상황이었다. 내가 그 사실을 로렌에게 지적하자 로렌은 움찔하며 자신은 그들 중 누구와도 데이트하지 못했을 것이라고 우겼다.

그러나 내가 그것을 말한 이유는 로렌이 그 남자들과 데이트를 해야 한다거나 그들 중 누구라도 로렌과 잘 어울린다는 뜻이 아니라, 그들의 관심 자체가 로렌이 매력적이고, 만나보고 싶은 사람이라는 사실을 명백하게 입증했다는 뜻이었다. 로렌은 자신의 친구도 나와 똑같은 지적을 했다고 털어놓았다. 하지만 몇 년에 걸쳐 쌓아온 굳건한 부정적 자아 인식이 흔히 그렇듯이, 로렌은 자신의 자아 비판적인 생각을 버리기가 힘들었고 그 생각을 반박하는 증거들도 쉽게 일축해 버렸다.

　살면서 군말 없이 따라도 좋을 경험의 법칙에는 이런 것들이 있다. 당신이 신뢰하는 서로 다른 두 명의 사람들이(부모나 조부모 외에, 객관적인 친구나 지인) 같은 의견을 내고 (예컨대, 당신 생각보다 당신이 훨씬 매력적인 사람이라는 의견이나, 옛 애인과 당신은 완전히 끝났다는 의견) 그 의견에 당신이 혼자 발끈한다면, 당신은 잠시 모든 생각을 완전히 멈추고 그들의 의견을 깊이 곱씹어보아야 한다. 두 명 이상의 서로 다른 사람들이 우리에 관한 같은 의견을 내고 있다는 건 그들에게 어떤 일리가 있다는 것이다. 당신이 동의하지 않더라도 그게 뭔지는 알아야 할 게 아닌가. 그리고 두 번째로 당신이 '발끈'하는 태도를 보인다는 건 당신이 근원적인 문제(예컨대, 낮은 자존감의 문제나 헤어짐의 이유를 찾는답시고 '열망의 대상'에 끝없이 집착하는 문제)에 대한 거부감이 있음을 암시하기 때문이다.

상대를 이상화할 때 생기는 오류들

수년 전에 한 젊은이가 연애 관계에서 오는 문제를 해결하기 위해 내게 상담을 받으러 왔다. 그는 최근에 자신이 참석한 파티를 설명하다가 그 파티에 마약이 많았다는 사실도 우연히 언급했다. 그는 코카인을 좋아했기 때문에 운이 좋았다고 생각했던 파티였다.

무덤덤하게 자연스레 털어놨기 때문에 나도 똑같이 무덤덤한 태도로 반응했다. "얼마나 좋아하는데요?"

"꽤 좋아해요." 그는 윙크와 함께 짓궂게 웃으며 대답했다. "하지만 몇 달 전에 왼쪽 콧구멍의 연골이 코카인 흡입으로 매우 손상됐다는 걸 알았어요. 그래서 귀 연골을 코에 이식시키는 수술을 받아야 했어요."

"코카인 흡입에 지장이 되었겠네요?" 나는 천진스럽게 물었다.

"뭐, 오른쪽 콧구멍을 사용하고 있어서 괜찮아요."

그 젊은이는 코카인이 정말 대단한 느낌을 준다고 계속 설명하며 마약에 대한 자기주장을 펼쳤다. 하지만 그는 코나 귀의 상처가 악화되는 건 물론, 건강한 한쪽 콧구멍조차 곧 쓸모없게 될 거라는 사실을 전혀 인정하지 않았다.

사람들은 마약이 흥미롭고 즐거운 경험이라는 것에만 집중하여 중독성 약물의 사용을 정당화하곤 한다. 마약에 대한 갈망은 마약에 들이는 정말 많은 시간과 돈, 마약으로 생기는 삶과 인간관계에서의 문제를 무시하게 하고, 마약에 대한 이상화된 인식을 만들어낸다. 마음에 상처를 입힌 상대에 대한 우리의 인식도 이와 비슷한 방식으로 왜곡될 수 있다. 상대에 대한 '열망' 때문에 우리는 그의 가장 좋은 면에 필요 이상으로 집중한다. 우리는 상대와 함께 나눈 최고의 멋진 순간들을 다시 떠올리거나 앞으로 함께 행복하게 보냈을 시간을 상상한다. 그리고 상대의 미소나 말뿐 아니라 그 사람으로 인해 스스로 더 매력적이고 행복하고 만족스럽게 여겼던 시간도 떠올린다. 그러나 우리는 상대의 결점이나 고약한 버릇에는 별로 집중하지 않는다. 그 사람 곁에 있으려고 포기한 것들, 이를테면 다른 친구들이나 관심사, 그리고 끝도 없는 말다툼, 그의 눈치를 보느라 느꼈던 긴장감, 혼자 울고 비참했던 시기, 그 사람에게 실망해서 꼴도 보기 싫었던 순간 등은 거의 떠올리지 않는다. 그러면서 오직 자신의 관점에서 상실의 규모를 과장하고 정서적 상처를 악화시키고 회복을 더디게 한다. 이런 식의 이상화는 악순환을 만든다. 우리가 열망을 높이면, 이것이 이상된 인식을 강화하고, 이것은 또 우리의 열망을 높이며 계속 반복된다.

최근 병원에 30대 후반의 데이비드가 상실감에 빠져 치료를 받으러 왔다. 그는 9년 동안 사귄 여자친구가 자신을 떠난 사연을 털어놨다. 데이비드는 거의 말을 할 수 없을 정도로 눈물을 흘리며 앉아 있었다. "그녀가 내 아내가 될 거라고 생각했어요… 아이들의 엄마가 되고… 함께 늙어가는 동반자가 될 거라고 생각했어요." 데이비드의 정서적 고통은 매우 컸다. 그가 하는 말은 그리 많지 않았다. 사실 데이비드의 여자친구는 그와 9년 동안 함께 있었지만, 그가 결혼할 준비가 되어 있지 않다고 생각했기 때문에 그를 떠났다. 더욱이 데이비드와 그녀는 9년 동안 수십 번 이별과 만남을 반복했고, 가장 최근에 그녀가 그를 떠난 지는 두 달 정도밖에 지나지 않았다. 이야기를 듣고 나는 그가 관계에 대한 헌신과 책임이 부족했던 게 이별의 원인이 된 것 같다고 설명했다.

데이비드는 그 말을 격하게 부인했다. "제가 헌신적이지 않았다고요? 전 언제나 다시 그녀에게 돌아가곤 했는데요"

"그랬겠죠" 내가 대답했다. "그렇지만 당신은 이별도 완전히 책임지려 하지 않는 것 같아요"

현실을 말하자면, 헌신이나 책임감 문제를 차치하더라도 두 사람의 관계는 계속 가기 어려웠다. 그러나 데이비드는 이별을 슬퍼하면서 9년 동안의 망설임과 관계의 모순은 생각하지 않으려 했고 좋은 기억에만 집중했다. 그렇게 하여 그는 그녀의 존재뿐 아니라 두 사람의 관계까지 이상화했다. 그리고 그 왜곡된 인식으로 데이비드는 그가 결혼할 유일한 사람을 잃었다고 생각했다. 9년 동안 그들이 반복해온 여러 번의 이별이 그렇지 않다는 사실을 보여주는 것임에도 그러한 인식에서 벗어나지 못했다.

마음에 상처를 준 상대를 이상화하지 않을 수 있는 가장 좋은 방법은 의도적으로 균형 잡힌 시각을 마음에 주입하는 일이다. 우리는 상대가 우리에게 주었던 불쾌함을 떠올려야 한다(예컨대, 상대의 거북한 식습관이나 상습적인 지각, 또는 물어뜰은 손톱 부스러기를 커피 테이블 위로 뱉어내는 행동 등). 독서와 스포츠나 오락에서 나와 전혀 다른 그 사람의 취향, 당신의 친한 친구들을 안 좋게 얘기하던 것들, 또는 관계에 관한 이야기를 꺼낼 때마다 상대가 취하는 방어적인 태도 등을 떠올려야 한다. 그런 생각은 상대를 싫어하거나 비난하기 위해서가 아니라 관계의 문제를 명확하게 이해하기 위해서다. 상대의 나쁜 점에 눈감고 실수를 반복하지 않기 위해서다. 이렇게 균형 잡힌 사고를 할 수 있게 되면 '완벽한' 누군가를 다시 찾지 못할 거라는 부담과 걱정을 덜 수 있다.

회피는 슬픔을 더 살찌운다

　이별의 상처로 생긴 정서적 고통을 외면하고자 무작정 억누르는 것은 현명한 대처법이 아니다. 이런 식의 접근은 오히려 고통을 더 장기화할 수 있다. 슬픔을 억제하기 위해 사람들이 가장 흔히 하는 방법은 상실을 떠올리게 하는 사람이나 사물, 활동을 아예 차단하는 것이다. 그러나 상실의

대상과 오랜 기간 만나왔다면 그를 떠올리게 하는 주변 사람들이나 상황들이 이미 당신 삶의 일부가 되어 있을 가능성이 크다. 따라서 그를 생각나게 하는 사람들, 장소, 활동을 아예 차단하는 일은 당신의 일상 리듬을 깨뜨려 오히려 역효과만 불러올 수 있다.

...

뉴저지에 사는 철인 3종 경기 아마추어 선수 린지는 매일 오전 5시 반에 일어났다. 그러고는 지하실로 내려가 운동용 자전거의 앞쪽 받침대에 고양이 미튼스를 올려놓고 45분 동안 운동을 하곤 했다. "사람들은 보통 운동을 하면서 유튜브 같은 걸 봐요." 린지가 상담에서 내게 말했다. "전 미튼스를 보는 걸 좋아해요. 미튼스도 나를 보고 있어요. 그때가 제 고양이와 함께 하는 귀중한 시간이에요."

미튼스가 사고로 죽었을 때, 린지는 매일 오전에 하던 자전거 운동을 더는 할 수 없었다. 자전거에 앉으면 늘 든든한 친구가 되어주던 고양이가 없다는 사실이 계속 떠올랐고, 그걸 직면하면서 운동을 이어 나가기란 너무 힘들었다. 린지는 규칙적으로 운동을 하지 못했다. 그녀는 자신이 다음 사이클 경기에서 다른 선수들과 같은 수준으로 경쟁할 수 없으리란 사실을 깨달았다. 경기에 나가기 위한 훈련에 임하는 것도 중요하지만, 매일 규칙적으로 지키던 생활 습관이 흐트러진 것이 그녀의 육체와 정신건강에도 좋지 않은 영향을 미치고 있었다. 하지만 그 사실을 아는데도 린지는 도저히 실내용 자전거를 다시 이용할 수가 없었다.

린지가 운동을 중단하면서 잃어버린 것은 이뿐만이 아니었다. 그녀가 철인 3종 경기의 선수라는 사실은 그녀 정체성의 중요한 부분이었다. 린지와 함께 경기에 나가는 선수들과의 관계 또한 그녀가 사회생활에서 중요하게 생각하는 부분이었다. 린지는 이렇게 의미 있는 삶의 일부를 포기하면서 슬픔을 악화시키고 정신건강까지 위태롭게 하고 있었다.

아픈 상실을 다시 떠올리게 하는 요인을 차단하는 일은 언뜻 상실을 잊는 데 도움이 될 것처럼 보이기도 한다. 그러나 이는 현명하지 않은 방법이다. 무언가를 무작정 피하는 일은 개인이 받은 정서적 충격을 줄어들게 하지 않는다. 이것은 인간 심리의 일반적인 규칙이다. 회피는 오히려 정서적 충격을 더 부풀린다. 린지가 지하실에 내려가는 것을 회

피하는 일은 자전거 운동과 미튼스의 연관성을 줄이는 게
아니라 더 커지게 하고 있었다.

상실로 인한 슬픔을 견디기 힘들어지면 사람들은 종종
작은 일부터 회피를 시작한다. 그러다 회피의 범위는 점점
넓어지는데, 그 결과 그의 활동 영역이 계속 줄어들게 된다.
때로는 터무니없이 줄어들기도 한다. 예컨대 캐시는 리치와
함께 갔던 레스토랑을 다시는 가지 않으려 했다. 그곳에 가
면 이별이 생각나 너무 고통스러웠기 때문이다. 그러나 6개
월 동안 그들이 다닌 레스토랑과 카페와 바를 전부 금지하
고 나니, 캐시는 맨해튼의 정말 많은 장소에 갈 수 없었다.
그녀는 장소에 가는 것을 아예 금지하기보다는 그곳에서 자
신이 느끼는 리치의 존재감을 줄일 방법을 찾았어야 했다.
그러나 캐시는 오히려 회피함으로써 리치의 그늘에서 계속
벗어나지 못하고 있었다.

마음의 상처와 매우 밀접하게 연결된 사람이나 장소가
있다면 예전의 연결은 씻어내고 새로운 연결을 만들어야 한
다. 캐시처럼 장소를 회피하고 있다면, 전과 다른 상황에서
그곳을 다시 방문해서 새로운 연결을 만드는 방법을 써보

라. 나는 캐시에게 친구들과 가는 브런치 카페를 리치와 가던 카페로 바꿔보라고 조언했다. 이제는 그곳을 리치와의 추억이 담긴 곳이 아닌, 친구들과 가는 브런치 식당으로 새롭게 인식할 수 있도록 말이다. 첫 번째나 두 번째 방문에서는 여전히 리치의 기억이 따라다닐 테지만, 세 번째나 네 번째 방문에서는 점차 예전의 연결이 흐릿해지고 새로운 연결이 커지기 시작할 거라고 조언했다.

마지막으로 과거의 고통스러운 기억이나 연결을 새로운 이야기로 대체하고자 할 때는 이것을 주의하자. 상처를 새살로 덮으려다가 되려 과거와의 연결을 더 늘리게 될 수도 있다. 따라서 나는 캐시에게 그 브런치 식당에 갈 때는 리치를 언급하지 말고, 최대한 리치를 생각하지도 말라고 조언했다.

집착은 슬픔을 단단히 붙들어 맨다

무작정 회피가 현명한 답이 아니었듯 집착 또한 마찬가지다. 반려견 보버가 죽은 뒤 나를 다시 찾아온 벤은 약 4개월 정도 나와 상담 치료를 지속하고 있었다. 그러던 중 벤이 평일에는 너무 바빠 내원할 수 없으니 주말에 영상 통화로 상담을 하고 싶다고 부탁했다. 우리는 그렇게 하기로 했다.

벤의 노트북 컴퓨터는 거실 한쪽 구석에 놓여있었다. 그래서 나는 영상을 통해 벤의 거실과 주방까지 볼 수 있었다. 벤이 최근 상사와 충돌한 일을 이야기하는 동안 나는 벤의 뒤쪽으로 보이는 거실을 보게 됐다. 벤의 작은 식탁 아래에는 보버의 먹이 그릇과 물그릇이 그대로 있었다.

나는 조금 기다렸다가 벤에게 이것에 관해 물었다. 벤은 소심하게 노트북을 아래로 기울여 책상 아래에 그대로 있는 보버의 커다랗고 납작한 쿠션도 보여주었다. 그리고 보버의 털 손질 도구들이 주방 서랍에 그대로 있고 보버의 목줄은 아직도 현관 옆 옷걸이에 걸려있다고 털어놨다.

벤은 슬픔에 익숙해져 있었다. 그는 보버가 세상을 떠나기 전에도 이혼과 부모의 죽음이라는 두 번의 큰 상실을 겪었다. 나는 그때도 벤을 상담한 적이 있었다. 상실을 떠오르게 하는 요소에 집착하는 것은 계속해서 상실의 고통을 붙들어 매는 것임을 벤도 이미 알고 있었다. 벤은 집의 여기저

기에 보버의 흔적을 남겨두었고 함께 지내고 있었다. 이것은 시간이 흐르며 자연스럽게 만들어지는 상처 위의 '딱지'가 생기지 못하게 막고 있었다.

그렇지만 나는 벤의 행동을 충분히 이해할 수 있었다. 우리는 소중한 존재를 상실했을 때 그의 물건이나 관련된 것들을 계속 간직하곤 한다. 그 물건들을 없애면 그 존재와의 관계와 추억마저 지우는 느낌이 들기 때문이다. 사랑하는 반려동물을 잃었을 때도 마찬가지다. 남은 사료, 밥그릇, 장난감, 베개를 버린다는 생각만으로 죄책감이 들기도 한다. 짧은 생애 동안 조건 없이 우리를 100% 사랑해주었던 친구의 흔적이 아닌가. 벤은 이 모든 것을 느끼고 있었다. 벤은 보버의 물건을 계속 간직하는 것이 옳다고 생각했다. '치울 준비가 되었다고 생각할 때 치우면 될 것이다.' 그러나 그대로 있다가는 치울 준비는 평생 되지 않을 터였다. 그리고 사실 벤도 어느 정도 이것을 알고 있었다. 오히려 시간이 갈수록 물건을 치웠을 때 느낄 허전함에 대한 두려움만 더 커졌다.

사람들은 사랑하는 사람과 이별했을 때도 그의 물건이나 그를 떠올리게 하는 요소들에 집착하곤 한다. 어떤 이들은 그

사람과 그와 함께한 시간을 떠올리게 하는 요소는 뭐든 집착하여 과거의 흔적으로 자신을 에워싼다. 또 어떤 사람들은 자신에게 상처를 준 상대를 최대한 빨리 잊고자 그 사람의 흔적뿐 아니라 함께 보낸 시간의 흔적까지 없애고자 한다. 완전히 정반대 처리방식이지만, 어느 쪽도 다른 한쪽보다 더 낫거나 더 건강하다고 할 수는 없다. 이별 직후 상대를 생각나게 하는 요소를 전부 박멸하듯 없애는지, 다 간직하려 하는지는 이별에 대한 우리의 첫 번째 반응, 감정적 반사 반응이다. 문제는 우리가 어떻게 이 시기를 지나가는가이다.

떠난 존재를 다시 떠올리게 하는 요소는 그를 향한 감정 애착을 나타내는 심리적 상징물이다. 이러한 감정 애착은 시간이 지날수록 약해져야 한다. 떠난 존재를 다시 떠올리게 하는 요소를 없애는 건 그것을 위한 좋은 방법이다. 과거를 정리하고 새로 시작할 마음을 위해서라도 반드시 털어내야 한다. 이별 후 몇 개월이 지나도 그런 물건을 너무 많이 간직하고 있다면, 점점 더 강한 집착이 생길 수 있다.

마음의 수레에 과거의 상처를 가득 채운 채 앞으로 나아갈 수는 없다.

...

    스베틀라나는 30대의 간호사로, 최근 내게 상담 치료를 받으러 왔다. 그녀는 유명한 소개팅 어플을 통해 한 남자를 만났고, 그에게 푹 빠졌다. 둘은 몇 달간 사귀었다. 그런데 남자는 별안간 급속도로 태도를 바꾸더니 결국 스베틀라나를 떠나버렸다. 상처받은 스베틀라나는 떠나버린 남자친구를 이상화하며 그가 '나의 유일한 짝'이라고 확신하는 익숙한 오류에 빠졌다. 나는 스베틀라나가 남자친구의 (수없이 많은) 잘못과 두 사람의 관계에 대한 (수없이 많은) 결점을 인식할 수 있도록 하는 데 몇 주를 보냈다. 서서히 스베틀라나는 좀 더 균형 잡힌 관점을 되찾았다.

    이별 후 3개월 정도 지나자 스베틀라나는 다시 연애할 준비가 된 것 같았다. 그녀는 혹시라도 옛 남자친구를 우연히 마주치고 싶지 않아서 그를 만난 소개팅 어플이 아닌 새로운 소개팅 어플을 활용해보기로 했다. 스베틀라나는 첫 번째 소개팅 어플에서 그녀에게 잘 어울릴만한 남성 다섯 명의 프로필 목록을 받았다. 그런데 목록에 뜬 세 번째 남자는 바로 옛 남자친구였다. 스베틀라나는 그 어플을 바로 삭

제했다. 1주일 후 다른 소개팅 어플에서 '당신과 잘 어울리는 사람' 목록을 보내왔다. 거기에도 역시 옛 남자친구의 웃는 얼굴이 있었다.

"그 사람이 제게 딱 맞는 완벽한 사람이라는 건 알고 있었어요." 스베틀라나는 울면서 말했다. "모든 연애 알고리즘이 이렇게 저랑 일치하다니요! 그가 저를 좀 실망시키긴 했지만… 온 세상이 그가 제 짝이라고 알려주고 있어요!"

"당신의 프로필 하나를 좀 봐도 될까요?" 내가 물었다.

"왜요?" 스베틀라나가 되물었다.

"당신이 찾고 있는 사람을 어떻게 설명해놓았는지 궁금해서요." 스베틀라나는 자신의 프로필을 찾아서 내게 보여주었다. 아니나 다를까, 스베틀라나는 만나고 싶은 사람의 키, 몸무게, 머리와 눈동자 색상, 직업, 취미 등을 옛 남자친구의 조건과 완벽히 똑같이 올려두었다.

나는 휴대폰을 도로 건네주며 말했다. "온 세상은 당신이 언급한 것들을 그대로 다시 되받아주고 있는 것뿐이에요. 당신과 전 남자친구가 잘 맞는다고 말하고 있는 건 연애 알고리즘이 아니라 당신인 거죠."

나는 스베틀라나와 비슷한 분들을 많이 상담해왔다. 그들은 이혼 후 소개팅 사이트에 가입했다가 그곳에서 전 아내나 남편이 추천 목록에 뜨는 것을 보게 된다. 이런 일은 소개팅 어플의 아주 훌륭한 알고리즘이 아니라 사람들의 일관된 취향 때문에 일어난다.

지금까지 이야기한 것들은 우리가 사랑을 잃고 슬픔에 잠겨있을 때 자주 저지르는 실수들이다. 회피와 집착, 자기비난의 늪에 빠지지 않고, 용기 있게 매듭을 지으려 나선다면, 상처를 회복하는 여정에서 거꾸로 미끄러지거나 꼼짝하지 못하는 상황은 오지 않을 것이다.

이별 후 사람들이 흔히 하는 나쁜 습관이 무엇인지 알고, 그것을 피하는 것은 마음 건강 회복의 첫 번째 단계였다. 이제 상처 위에 새살이 돋을 수 있도록 치유하는 방법을 알아보자. 그러나 마지막 순서를 밟기 전에, 당신이 반드시 결심해야 할 것이 있다.

이제는 상실을 받아들이고 정말로 놓아줄 것. 이 결심을 결심하라.

4

마음 백혈구 작동시키기
치유는 내 마음으로부터

'놓아주는 일'은 말처럼 간단하지 않다. 왜냐하면, 정서적 고통 외에도 놓아야 할 것들이 매우 많기 때문이다. 우리는 희망을 놓아야 하고, 실수를 바로잡아 현재를 과거로 돌려 놓으려는 환상을 버려야 하고, 문득 떠오르는 과거 연인이나 반려동물이 곁에 존재한다는 느낌도 버려야 한다. 정말로 이별을 고해야 한다. 우리의 사랑을, 그 사랑을 받을 존재가 사라졌음에도 남아 있는 우리의 사랑을 쫓아버려야 한다. 그리고 이제는 우리의 일부가 되어버린 슬픔도 놓아주어야 한다.

슬픔은 끝없는 모순을 만드는 고통의 엔진이다. 우리는 마음의 고통이 끝나기를 간절히 바라면서도 고통을 악화시키는 생각과 행동으로 삶을 가득 채운다. 우리는 무시당하고 거절당하고 버려진 느낌이 들 때조차 그 감정의 원인을 제공한 상대를 이상화한다. 우리는 슬픔을 필사적으로 견디고 있을 때도 상처를 후벼 파는 기억이나 추억의 물건에 끈질기게 집착한다.

상심에 잠긴 사람들은 왜 이런 모순에 빠져들까?

이 질문의 답을 찾으려면 먼저 오래전 인간의 진화 과정을 생각해보아야 한다. 기본적으로 우리의 몸이 하는 일은 우리를 살아가게 하는 것이다. 상처가 나면 치유한다. 몸에 있어 치유는 선택이 아닌 본능이자 기본값이다. 여기엔 어떤 의도나 결정도 필요 없다.

그렇다면 마음이 하는 일은 무엇인가? 마음은 학습을 담당한다. 마음은 과거로부터 배운 것을 활용해서 우리가 같은 실수를 하지 않게 한다. 고통스러운 경험을 지나고 나면, 마음은 우리가 다시는 그 슬픔을 겪지 않도록 조심하고 노력하게 된다.

이런 목적하에 마음은 우리가 고통 같은 부정적인 감정을 생생히 기억하게 한다. 다 잊었다고 생각했던 일들과 이미지들이 머릿속에서 불쑥 떠오르게 하는 것이다. 그러면 우리는 사랑을 다시 시작하고자 할 때 걱정부터 앞서게 된다. 소중한 반려동물을 잃은 후 새로운 반려동물을 데려오려 할 때 죄책감을 느끼게 된다.

　　그러나 우리의 마음이 우리 머릿속에 슬픔을 각인해 두었더라도, 다시는 실수하지 않기 위해서라도 상처를 잊지 않길 바라고 있더라도, 회복을 위해서는 잊을 수 있어야 한다. 상실을 곱씹으며 보내는 시간을 줄이고 생각과 일상에서 상실이 차지하고 있는 빈 곳을 줄여나가야 한다.

　　우리의 무의식적 마음과 의식적인 목적 사이의 '이해의 충돌'은 회복을 위해 반드시 짚고 넘어가야 할 부분이다. 상실로 인해 마음에 남은 상처를 빠르고 완전하게 치유하고 싶다면 무의식의 해로운 지시를 무시하고 의도적으로 마음 건강을 도울 새로운 습관을 받아들여야 한다.

　　"마음의 병에는 시간이 약이다." 많은 사람이 상심한 사람에게 하는 말이다. 물론 시간이 약일 때도 있지만, 굉장히 더디거나 효과가 미미할 수 있다. 대부분은 시간에 지쳐서 제대로 아물지 않은 상처를 마음에 묻고 살아가게 된다.

몸은 저절로 치유되기도 한다. 하지만 마음은 그렇지 않다. 이렇게 생각하면 마음이 몸보다 불리한 것 같지만, 긍정적인 면도 있다. 우리는 대장에 생긴 종양에게 다른 장기로 전이되지 말라고 명령하거나 뼈한테 저절로 붙으라는 지시를 내릴 수는 없다. 하지만 우리는 우리 마음에 일어나는 일에는 굉장한 영향을 미칠 수 있다. 정서적 고통이 멈추기를 바라는 것과 멈추도록 굳게 결심하는 것 사이에는 엄청난 차이가 있다. 마음을 정리하길 바라는 것과 마음을 정리하겠다고 굳게 결심하는 것은 완전히 다르다. 정말로 상처를 회복하고 싶다면 당신은 (비유적으로든, 말 그대로든) 거울을 들여다보고 '이제는 놓아야 할 때'라고 되뇌어야 한다.

그렇지만 이 일은 부러진 뼈를 저절로 붙게 하는 것만큼 어려울 수 있다.

마음을 정리하는 몇 가지 방법들

'놓아주는 일'은 말처럼 간단하지 않다. 왜냐하면, 정서적 고통 외에도 놓아야 할 것들이 매우 많기 때문이다. 우리는 희망을 놓아야 하고, 실수를 바로잡아 현재를 과거로 돌려놓으려는 환상을 버려야 하고, 문득 떠오르는 과거 연인이나 반려동물이 곁에 존재한다는 느낌도 버려야 한다. 정말로 이별을 고해야 한다. 우리의 사랑을, 그 사랑을 받을 존재가 사라졌음에도 남아 있는 우리의 사랑을 쫓아버려야 한다. 그리고 이제는 우리의 일부가 되어버린 슬픔도 놓아 주어야 한다.

캐시는 리치의 기억에 중독되어 있었다. 캐시의 마음은 중독을 정당화하기 위해 여러 명분을 만들어냈다. 그러나 그녀는 마음을 정리하기 위해 결단을 내려야 했다. 삶을 송두리째 장악하는 마약의 수중에서 벗어나길 바라는 중독자가 내려야 하는 결단과 같은 것이었다.

이것을 위해 캐시에게는 리치에 대한 마음뿐 아니라 그것을 끊었을 때 찾아올 금단현상까지 견뎌낼 각오가 필요했다. 행복했던 기억을 다시 찾아가 그때 느꼈던 감정을 한 번 더 맛보려는 강력한 충동을 물리쳐야 한다. 오랜 습관으로 돌아가게 꾀어내려는 많은 변명과 합리화를 막아낼 준비도 해야 했다.

놓아주겠다는 결심은 벤에게도 똑같이 고통스러운 것이었다. 벤과 15년을 함께 산 반려견 보버는 그의 주인의 기분을 놀랍게도 잘 알아차렸다. 벤에게 위로가 필요할 때를 알아보는 보버의 능력은 놀라웠다. 벤은 보버가 가족으로서 그에게 언제나 보여주었던 위안을 잊지 않기 위해 보버의 물건을 간직했다.

그러나 벤 또한 마음을 정리하기 위해서 아파트를 가득 채운 보버의 물건들을 포기해야 했다. 나는 벤에게 '놓지 않으려는 마음'이 왜곡되어 부정적인 감정을 만들고 있으며, 그가 보버에게 진 빚은 이미 갚았다고 이야기했다.

내 말에 벤은 발끈했다. "보버는 내가 보버에게 충실했던 것보다 훨씬 더 내게 충실했어요. 보버는 내게 헌신적이었어요!"

"맞아요, 보버는 헌신적이었죠." 나도 동의했다. "하지만

보버에 대한 당신의 헌신이 훨씬 더 컸어요. 당신은 보버의 주인이었어요. 보버는 당신 외에 달리 충성심을 쏟을 사람이 없었어요. 하지만 당신은 보버에게만 헌신하기로 선택한 거죠."

벤은 혼란스럽게 나를 쳐다보았다. "그게 무슨 뜻이죠? 내가 누구에게 헌신할 수 있단 말입니까?"

"여자 말이에요."

"이런." 벤이 읊조렸다.

"벤, 당신은 이혼한 뒤로 거의 연애를 하지 않았어요. 혹시 보버 때문이 아니었을까요? 보버만 있으면 된다고 생각하지 않았나요? 다른 사람에게 감정적으로 애착을 갖지 않으려고 한 게 아니었어요?"

벤은 뒤로 기대앉더니 잠시 생각했다.

"연애는 밥맛이에요."

"그럴 수 있어요." 내가 말했다.

"그런데 보버는 언제나 다정했고 변함이 없었어요." 벤이 한숨을 쉬고 되뇌듯 말했다. "보버는 언제나 변함없었어요."

"맞아요, 보버는 그랬어요. 하지만 벤, 당신은 보버가 살아있었을 때 보버가 보여준 헌신에 대한 빚을 갚았어요. 여러 번이나 말이에요. 이제 자신에게 충실해야 해요, 당신의 욕구와 행복에 충실해야 해요."

벤은 자신이 무엇을 해야 하는지 정확히 알고 있었지만 그게 그 일을 덜 고통스럽게 만들지는 않았다. 다음 날, 벤은 보버의 물건을 모두 정리해 상자에 담았다. 벤은 마침내 스스로 치유의 길에 들어선 것이었다.

자기자비의 강력한 힘

몇 년 만에 연애를 시도했던 로렌은 첫 데이트 상대로부터 거절당한 후 크게 좌절했다. 그리고 연애 자체에 실망한 많은 사람이 빠지곤 하는 모순에 사로잡혔다. 연인을 찾아야 행복해질 수 있다고 믿었던 로렌은 첫 시도가 좌절되자 심한 두려움에 휩싸였다. 그녀는 더는 심적 고통을 겪고 싶지 않았다. 그녀는 자신이 너무 매력이 없어서 다시는 사랑을 찾을 수 없고, 노력해 봐야 소용이 없다고 확신했다.

로렌이 놓아주어야 할 것은 다른 존재가 아니라 자신에 대한 왜곡된 신념이었다. 그녀는 자기 비판적인 생각을 버리고 새로운 정신 습관을 받아들여야 했다. 다시 말해, 자기혐오를 억제하고 자신감을 쌓을 수 있는, 자기자비self-compassion를 택해야 했다.

자기자비는 자신을 판단하지 않는 내면의 목소리를 키워서 자기비난이 아닌 친절과 배려로 자신의 감정에 대응하는 것을 말한다. 자기자비를 실천하면 자기 비판적 사고를 스스로 격려하는 사고로 바꿀 수 있다. 자기자비는 자신의 실수를 인내와 이해로 받아들이고 자신을 그저 한 명의 인간으로 인식하는 과정이다. 우리는 자신의 실수와 단점을 확실히 인정하되, 그로 인해 스스로 벌주고 꾸짖지는 말아야 한다. 자책에만 몰두할 경우 실수로만 깨달을 수 있는 통찰을 놓치고 자존감과 정신건강에 악영향만 미치게 된다.

로렌은 자기자비를 실천하라는 내 제안에 당연히 머뭇거렸다. 행동의 습관을 바꾸기는 어렵다. 하지만 정신의 습관을 바꾸기는 더 어렵다. 더구나 로렌은 자기혐오가 강했으므로, 자기자비를 위해서는 사고의 방향을 완전히 반대로 돌려야 했다. 나는 로렌에게 굳은 결심과 함께 진지한 동기와 의지력으로 결심을 밀고 나가라고 이야기했다. 나는 로렌이 할 수 있다고 믿었다. 그러나 로렌은 자기자비가 자신에게 얼마나 도움이 될지 모르겠다고 반문했다.

로렌이 의대생이었기 때문에 나는 최근의 자기자비에 관한 연구 논문을 통째로 그녀에게 보여주었다. 자기연민이 정신건강에 미치는 영향을 조사한 연구들이었다. 오류를 줄이기 위해 여러 번 실험을 되풀이하여 얻은 연구 결과에 따르면, 자기자비를 실천하면 자존감을 건강하게 유지할 수 있고, 심리적·사회적 기능이 향상되고, 우울증과 근심이 줄어들고, 정신건강이 강화되는 등 여러 심리적인 이점을 얻을 수 있다.

여러 논문을 찾아본 뒤 로렌은 흥미를 보였다. 그럼에도 그녀는 자신이 자기자비를 제대로 실천할 수 있을지는 확신이 없었다. 나는 로렌이 마음을 조금 열었다고 생각했고, 이 틈을 타 몇 가지 구체적인 방법을 제시했다. 연구에 따르면, 자기자비를 실천하는 한 가지 방법은 다른 이들에게 자비를 베푸는 일이었다. 예컨대, 상심에 빠진 다른 사람에게 위로의 말을 건네는 단순한 행동만으로 자신을 부정적으로 생각하던 실험참여자들의 자기비판이 줄어들었다고 한다.

자기 비판적 사고를 막아내는 또 다른 방법은 이것이다. 자신에 대한 비판적 생각이 들 때는 잠시 멈춘 뒤 그것을 자기가 좋아하는 친구에게 퍼붓는 상상을 해본다. 그러면 '이런 잔인한 말은 친구에게 할 수 없어. 너무하잖아.' 이런 생각이 들 것이다. 이제 우리 자신에게도 다시 그 말을 해야 한다고 생각해보자. 결코 그렇게까지 자신을 탓할 필요가 없었음을 이해할 수 있을 것이다.

"좋아요, 한번 해볼게요." 로렌은 마침내 동의했다.

로렌은 스타워즈를 좋아했다. 나는 요다의 말을 인용해 답하기로 했다. "한번 해보는 건 없어요(There is no try)." 로렌은 고개를 끄덕이며 요다의 다음 대사를 이었다. "하거나 하지 않는 거지(Do or do not)."

나는 로렌에게 자기자비를 실천하려면 인내심과 마음챙김이 필요하다고 조언했다. 오래된 생각습관은 버리기 힘들고, 따라서 자기 비판적인 내면의 소리는 언제든 다시 쉽게 생겨날 수 있다. 그럴 때는 경계를 늦추지 않고 자기 비판적인 생각을 의도적으로 멈추어야 한다. 습관을 바꾸려 할 때 처음에는 각고의 노력이 필요하다. 그러나 한 달, 두 달 매일 실천하다 보면 새로운 습관을 행하는 게 처음처럼 어렵지 않게 된다.

로렌은 매일 마음챙김을 실천하고 자기비판을 막는 주의력을 기르는 데 5주가 걸렸다. 로렌은 자신을 배려하는 걸 잊지 않도록 포스트잇에 자기자비와 관련된 글귀를 적어 집 안 구석구석에 붙였다. 그리고 자기자비에 관한 책이나 칼럼을 찾아 읽었다. 이런 방식은 우리도 일상에서 충분히 따라할 수 있는 것들이다.

다행히, 로렌의 노력은 결실을 얻었다. 시간이 지나면서 로렌이 보여준 변화는 주목할만한 것들이었다. 무엇보다 그녀는 자존감의 안정을 되찾았다. 마음에 상처를 입고 심한 타격을 받은 사람에게 가장 필요한 것은 자존감을 되찾는 일이다. 우리는 자신에게 있는 좋은 점들에 집중하고 스스로 치유해야 한다. 좋은 점이란 세상이 정해놓은 기준이 아니라, 우리가 스스로 정한 기준을 토대로 한다. (그러므로 무엇이든 좋은 점이 될 수 있다.) 그럼에도 우리는 너무 쉽게 그 반대로 행동하곤 한다. 언제나 장점보다는 단점에 집중하고 앞으로 또 거부당할 것 같다는 두려움에 힘을 실어주는 근거를 찾는 데만 열중한다.

로렌은 스스로 자존감을 떨어뜨리는데 능숙한 사람이었다. 그래서 나는 로렌에게 그녀의 좋은 점을 다섯 가지만 말해달라고 부탁했다. 특히, 연애할 때 상대방에게 내세울 수 있는 그녀만의 장점을 이야기해보게 했다. 나는 그녀가 자신의 장점을 자신 있게 말할 수 있기를 바랐다. 아무런 부정적인 수식어 없이 (예컨대 '다른 사람은 이렇게 생각하지 않을 수도 있지만' 같은) 자신에 대해 당당하게 말할 수 있다면 로렌이 관계와 타인에 대한 두려움을 떨칠 수 있다고 생각했기 때문이었다. 로렌은 처음 상담을 시작할 때는 거의 외출이 불가능할 정도였지만 상담이 거듭될수록 사회 활동에 편안함을 느꼈다. 나는 로렌이 다시 연애를 시작해도 되겠다고 느꼈다. 로렌도 스스로 준비가 되었다고 생각했다. 얼마 지나지 않아 로렌은 친구들이 해주는 소개팅에 나가보겠다고 얘기했다.

빈 곳을 인정하고 그곳을 채워라

벤은 마침내 보버의 베개, 그릇, 목줄을 보이지 않게 치웠지만, 정서적 상처는 완전히 회복되지 않았다. 벤은 일을 시작하기 전에 아침마다 보버를 애완견 놀이공원에 데려가곤 했었다. 그곳에는 보버가 늘 함께 어울리는 놀이 친구들이 있었고 벤은 그 주인들과 친해지게 되었다. 반려견들이 놀고 있는 사이에 벤은 반려견 주인들과 함께 앉아서 담소를 나누었다. 마치 아이들을 놀이터로 데려온 부모들 같았다. 친구가 많지 않던 벤은 '반려견 공원에서 만난 친구들'과 누구보다 더 자주 보는 사이가 됐다. 그러나 보버가 세상을 떠났으므로 그들과도 만나지 않았고, 벤은 다른 사람과 만나서 대화하는 일 없이 며칠을 보내곤 했다.

사랑하는 존재를 잃으면 보통 사람들은 마음 한쪽에 큰 구멍이 난 것 같다고 이야기한다. 벤 또한 그랬다. 보버의 죽음은 그의 마음에 큰 구멍을 남겼다. 나는 그에게 빈 곳을 채울 방법을 찾아야 한다고 조언했고 그 또한 내 말에 동의했다. 그러나 벤은 조금이라도 관심이 있는 취미나 활동이 전혀 없다고 이야기했다. 그는 시간과 노력을 들이고 싶은 일을 생각할 수 없다고 말했다. 벤은 이렇게 이야기하면서 스스로 당황스러워했다.

"알겠어요, 그러니까 당신의 눈길을 끄는 관심사나 열정이 없다는 거죠." 다음 상담 치료에서 나는 벤에게 말했다. "그러면 한 가지 대안만 생각해볼 수 있겠군요. 당신에겐 삶을 공유할 또 다른 따뜻한 존재가 필요해요."

"다른 개를 키울 준비는 안 되었어요." 벤이 불쑥 끼어들었다.

"또다시, 저는 여자를 말하는 거예요."

"이런." 또다시 벤은 대답했다.

벤은 마침내 내 말을 인정했고 연애 어플에 프로필을 올리기로 했다. 벤은 프로필에 한 가지 중요한 조건을 명시했다. 개를 좋아하는 여성을 만나고 싶다는.

두어 달 정도 지난 후 벤은 몇 번 데이트하러 나갔지만, 인연으로 이어지지는 않았다. 그러나 사람들과 교류하고 때로 데이트를 하며 시간을 보내는 일은 삶의 빈 곳을 채우는 데 크게 도움이 되었다. 벤의 기분은 노력하는 만큼 나아졌다. 그리고 보버가 죽은 뒤 처음으로 벤은 상사로부터 업무에 대한 칭찬을 받았다.

곧 벤은 상담 치료에 나오지 않았다. 나는 벤이 새로운 연인을 만났는지, 아니면 또 다른 반려견을 키우게 되었는지 모른다. 나는 벤이 두 가지 다 이루었다고 생각하고 싶다. 벤은 힘들 때는 언제든 다시 나를 찾아올 수 있다는 걸 알고 있을 것이다. 나는 그가 잘 지내고 있는지 알고 싶긴 하지만, 벤이 다시 내게 연락하는 일이 없기를 바란다.

반추 사고가 반격해오면 마음챙김을 무기로 사용하라

상실에 관한 연구들에서 이별에 건강히 적응하는 방법으로 가장 많이 제안하는 것은 매듭짓기였다. 매듭을 확실히 짓기 위해서는 이별의 이유를 확실히 이해해야 한다. 우리가 앞서 확인했듯이, 이별이 왜 발생했는지 명확히 이해하는 일은 재결합의 희망과 환상을 버리고 마음을 정리하는 데 도움이 된다. 그런데 이별의 이유를 명확히 알지 못할 때는 어떻게 해야 할까?

　이별은 종종 잔인하게 찾아온다. 우리가 사랑했던 그 사람은 크게 싸운 뒤 그냥 연락을 끊거나, 느닷없이 간단한 문자메시지로 이별 통보하거나, 헤어짐의 의사를 밝히지도 않은 채 SNS 프로필을 커플에서 싱글로 바꿔 놓기도 한다. 물론 이런 식이 아니라 이별에 관해 정중히 해명할 때도 그 말들은 종종 우리가 듣기엔 충분치 않거나("중요한 시험을 앞두고 있어서 누굴 만나기 어려워요."), 모호하거나("당신이 문제가 아니라 내가 문제에요."), 정보를 제대로 주지 않거나("난 당신에게 적절한 사람이 아닐 거예요."), 혹은 부당한 비난을 하기도 한다("내가 소리 지르면 당신이 너무 감정적으로 나와서 더는 견딜 수가 없어요!").

　사람들은 상대로부터 이별의 명확하고 솔직한 설명을 들으려고 하지만, 그런 노력이 보람을 찾는 경우는 거의 없다. 어쩌면 이런 노력은 하지 않는 것이 최선일 수 있다. 상대가 내놓는 해명이 무엇이든 결과는 바뀌지 않는다. 다시 말해, 이유가 무엇이든 함께 할 수 없다는 상대의 생각은 바뀌지 않는다. 더욱이 자신이 납득할 수 있는 완벽한 이별의 이

유(그런 건 없다)를 찾으려 노력하는 과정에서 우리는 두 번 상처받게 된다. 기분이 상하고 격분하고 좌절하거나, 또다시 혼란스러워할 빈틈이 생기게 된다.

이런 카오스로 들어가는 대신 우리는 이별의 이유를 자신만의 설명으로 이해해야 한다. 그 설명은 사실에 근거해야 하고, 옛 연인의 성격이나 과거 행동을 잘 헤아려보고, 이별과 관계의 맥락을 고려한 최선의 추측이어야 한다. 그리고 무엇보다 중요한 건 우리의 자부심, 존엄, 자존감을 해치지 않는 설명이어야 한다는 것이다. 이별의 여백을 혼자 채워야 한다면, 당신의 기분을 불쾌하게 만들지 않는 방식으로, 당신이 어느 정도 이해할 수 있는 설명을 만드는 것이 좋다.

리치가 캐시에게 헤어지자고 할 때 곁들인 설명은 적당히 점잖고 배려심 있는 이별 사유의 좋은 예다(그는 캐시를 좋아하고 함께 지내는 시간이 좋았지만, 사랑에 빠지지는 않았다고 설명했다). 리치는 적어도 캐시의 가치를 판단하는 것처럼 들리는 말은 하지 않았고 거의 평소와 같이 다정했다. 이런 일은 복잡다단한 연애라는 세계에서 드문 일이었다. 그래서 안타깝게도 캐시는 리치의 해명을 받아들이지 않고 다른 이유를 찾아내려고 6개월간의 추적을 이어갔던 것이다.

이때 캐시는 자신이 리치에게 집착하고 있다는 걸 부인할 수 없었다. 마침내 이별 이유를 찾는 일이 헛되다는 걸 파악한 캐시는 리치의 설명을 받아들이기로 했다. 그 결정은 결코 쉬운 일이 아니었다. 캐시는 여전히 리치를 계속 되새기는 강박적인 충동에 사로잡혀 있었다. 견디기 어려운 금단증상을 만들어내는 뇌의 보상 회로에 강요당한 것이다.

떠나간 애인에 대한 생각으로 애태우며 몇 주나 몇 달을 보내게 되면 그게 습관이 되고, 그만하기가 매우 어려워진다. 다행히도 이런 강박적인 반추 사고에 대응하기 위한 효과적인 심리 치료법이 있다.

반추 사고는 (상심과 관련된 기억 외에도) 부정적 생각이나 기억을 곱씹어 되새겨보는 것을 말한다. 반추 사고를 습관화하면 높은 확률로 우울증에 걸릴 수 있다. 반추 사고에서 벗어나는 방법은 엄밀히 자신을 끊임없이 판단하는 사고패턴을 바꾸어야 한다. 가장 강력하고 효과적인 치료법은 마음챙김 명상mindfulness meditation이다.

마음챙김 명상은 현재 우리의 마음 상태와 경험에 주의를 기울여 그 순간을 있는 그대로 자각하는 정신 훈련이다. 마음챙김 명상은 다양한 방식으로 행할 수 있다. 이를테면 공기가 폐로 들어오는 느낌, 호흡할 때 주변의 냄새, 바람이나 태양이 얼굴에 닿는 느낌, 인도나 거리에 생긴 갈라진 틈의 형태, 또는 길을 걸을 때 볼 수 있는 식물의 서로 다른 푸른 빛을 바라보기만 해도 명상할 수 있다. 우리는 현재와 전혀 관련 없는 생각(예컨대, '그/그녀가 나를 차버린 걸 믿을 수가 없어!')이 우리의 집중을 흩트려 놓을 때마다 그 생각에 반응하고 편협한 판단을 내리기보다는 단순히 그 생각을 주목하고('그/그녀에 대한 생각이 또 떠올랐네.') 우리의 인식을 현재 눈앞의 상황으로 다시 돌려놓는다.

마음챙김 명상은 인지 훈련의 한 종류이며, 자기자비처럼 마음이 하는 운동 같은 것이다. 그래서 마음챙김 명상도 꾸준한 훈련이 필요하다. 처음 명상을 시도하는 사람들은 자기도 모르게 불쑥 떠오르는 침투 사고를 막아내기가 어렵다. 그래서 초보자들은 대부분 명상보다는 호흡만 하게 될 수도 있다. 그러나 훈련할수록 명상에 더 집중할 수 있다. 그러다 보면 부정적 사고가 끼어드는 방해가 점차 줄어들게 된다.

마음챙김 명상은 그저 정신 수양을 하는 명상을 뜻하지 않는다. 마음챙김 명상은 사고의 한 방식이며, 우리가 현재를 온전하게 경험하도록 집중을 훈련하는 일이다. 예컨대, 공원을 산책할 때 나는 꽃들의 향기, 의자에 앉아 쉴 때 창문 밖으로 내려다보는 풍경, 또는 일터로 걸어갈 때 분주한 거리의 소음에 집중하는 일도 마음챙김 명상이 될 수 있다.

마음챙김 명상은 최근 널리 연구되어왔다. 자기비판에 힘을 실어주는 반추 사고를 멈추고 미래를 걱정하는 데 시간을 쏟지 않고 순간을 그대로 자각하는데 집중하는 일에는 상당한 심리적 이점이 있다는 게 많은 연구에서 밝혀진 사실이다. 이를테면 마음챙김 명상은 스트레스와 산만함, 강박과 불안을 현저히 줄이는 데 큰 효과를 보인다.

나는 마음챙김 명상의 기본을 캐시에게 가르치고 적어도 일주일에 다섯 번 수련할 것을 제안했다. 캐시의 반추 사고가 정말 심각해진 상황을 고려해볼 때 나는 캐시의 수련 진척이 매우 더딜 것이라고 예상했다. 그러나 불과 5주 후, 상담 치료를 받으러 온 캐시는 내게 말했다. "좋은 소식이 있어요"

캐시의 최종 목표는 리치를 떠올리지 않고 일주일을 보내는 것이었다. 그 목표는 만만찮은 것이었다. 캐시가 벌써 목표를 달성한걸까?

"저 6시간 동안 리치를 떠올리지 않았어요." 캐시가 말했다.

캐시가 리치를 떠올리지 않고 6시간을 보냈다는 사실에 나는 분명 고무되었다. 하지만 내 기운을 더욱 북돋워 준 것은 캐시의 열정이었다. 마음챙김 명상에 대해 캐시가 가졌던 의구심은 사그라들었고 이제 자신에 대해 진지한 태도로 생각하기 시작했다.

캐시는 강력한 투지를 되찾았다. 캐시가 암과 싸우며 쏟았던 강력한 투지는 (존재하지도 않는) 이별의 수수께끼를 풀기 위해 이용되다가 다시 돌아온 것이다. 캐시는 그녀의 건강을 개선하기 위해 인내를 보였다. 이번에는 캐시의 몸이 아닌 마음의 건강이었다.

마음챙김 명상을 연습하면 고통스러운 생각이나 사건에 대한 감정의 반응 정도를 낮출 수 있다. 자신을 깎아내리는 생각이나 잊고 싶은 과거의 기억이 반복해서 나타나도 예전처럼 충격을 느끼지 않을 수 있다. 실제로 캐시는 리치에 대해 반복적으로 생각하는 일을 줄였으며, 생각이 나도 거의 속상해하지 않고 쉽게 몰아내는 방법까지 터득했다.

몇 주 뒤에 캐시를 만났을 때 그녀는 뚜렷하게 바뀌어 있었다. 마침내 캐시는 반복되는 고통 속에 있는 것 같지 않았다.

"전 마음챙김 명상을 즐기고 있어요." 캐시가 말했다. "그런데 조금 푹 빠진 건지도 몰라요. 친구들은 내가 리치 대신 또 다른 중독에 빠져들고 있을 뿐이라고 말하기도 했어요."

"그런 것 같아요?" 내가 물었다.

"조금은요." 캐시는 인정했다. "그래서 매일 명상을 계속하려다가 저녁 교육을 그만 받기로 했어요. 어쨌든 그만둘 생각을 하고 있었어요. 한동안 저녁 시간을 비워둘 필요가 있거든요."

"왜요?" 내가 물었다.

캐시는 스마트폰을 꺼내 전날 밤 친구에게 보낸 '난 준비되었어!'라는 문자메시지를 내게 보여주었다.

나는 '하늘에서 남자들이 비처럼 내려와'라는 노래가 머릿속에 맴돌기 시작했다. 나는 몸을 뒤로 젖히며 말했다. "할렐루야!"

나 자신과의 연결을 되찾기 -
사랑은 다른 사랑으로 잊혀진다

사람들은 연애를 시작해 커플이 되면 자신을 인식하는 방식을 바꾼다. 이를테면 '나' 혹은 '나의'로 표현하던 것을 '우리'와 '우리의'로 대신한다. 또한, 따로 친한 친구들과 어울리기보다는 다른 커플들과 함께 보내는 시간이 많아진다. 이러는 사이 자신의 정체성과 연인의 정체성이 혼재되기도 한다. 커플일 때 우리는 내 이익만 챙기기보다는 상대와 함께 누릴 이득을 선택한다. 상대의 영향으로 취향이나 사용하는 제품을 바꾸기도 하고, 집에서든 밖에서든 습관까지 바뀌기도 한다. 이렇게 서로 영향을 미치는 것들을 언급하자면 끝이 없을 것이다. 그러나 관계가 끝이 나면, 우리는 자신을 되

찾아야 한다.

수많은 연구에서 상심을 빠르게 치유할 방법이자 회복의 가장 결정적인 변수로 꼽은 것은 자아감 회복이었다. 최근 한 연구에서는 이별을 겪은 사람들이 헤어짐 이후 8주 동안 자아개념과 행복감에 어떤 변화를 겪는지 살펴보았다. 연구 자들은 설문지와 안면근전도 검사를 이용하여 (이별을 겪은) 실험참여자들의 자아개념과 정신적 행복감을 측정했다. 안 면근전도 검사는 감정 변화에 따른 얼굴 근육의 아주 미세 한 변화를 측정한다.

검사 결과, 이별 후 큰 심리적 고통을 경험하거나 적응에 서툰 모습을 보이는 사람들은 자아감을 바로 세우는 데 어 려움을 겪는 이들이었다. 연인에 관한 생각에 강한 감정 반 응을 드러낸 실험참여자들도 마찬가지였다. 연구자들은 이 별 후 자아감을 다시 바로 세우기 어려운 이유를 이렇게 설 명했다. 사람들이 (지금은 존재하지 않는) 관계를 통해 (무의식적 으로) 계속 자신을 정의하고 있기 때문이라고.

자아감을 되찾고 자기 자신과 다시 연결되는 일은 소중 한 반려동물을 잃었을 때도 꼭 해야할 과제다. 고양이 미튼스가 죽었을 때 린지는 자신의 정체성에서 중요한 부분을 포기하려 했다. 린지는 늘 자신을 어머니, 아내, 운동선수로 정의했다. 린지가 자신의 역할로 가장 중요하게 생각하는 것은 어머니였다. 린지는 두 번째가 아내의 역할이라고 얘기했지만, 사실 그녀에게 더 중요한 것은 선수로서의 삶이었다.

린지는 미튼스가 죽은 후에도 운동을 계속했다. 마라톤과 수영은 규칙적으로 운동했지만, 사이클은 거의 하지 않았다. 그러나 사이클은 철인 3종 경기에서 린지의 가장 강력한 구간으로, 린지가 가장 자신하던 종목이었다. 린지의 다음 대회는 미튼스가 죽은 뒤 한 달도 채 지나지 않아 열릴 예정이었다. 대회가 열리기 며칠 전, 린지는 경기 참가를 기권하기로 했다고 내게 말했다.

"전 한때 운동선수였어요. 하지만 미튼스가 죽은 뒤로…." 린지가 말했다.

"잠깐, 잠깐만요." 내가 불쑥 끼어들었다. "한때 운동선수였다니요? 지금은 운동선수가 아니라는 말인가요?"

"아닌 것 같아요. 저도 안타깝지만 그게 현실이에요."

"유일한 현실은 미튼스가 죽었다는 사실이에요." 내가 대답했다. "그건 당신이 바꿀 수 없는 현실이에요. 하지만 당신이 운동선수로 사느냐, 좋아하는 일을 포기하느냐는 현실이 아니라 선택이에요."

린지는 소중한 존재를 상실했을 때 많은 사람이 저지르는 실수를 하고 있었다. 그녀에게는 자신이 어떤 사람인지 스스로 정의하고 생각하는 시간이 필요했다. 자신이 어떤 존재가 되고 싶은지 결정하고, 그 존재로 살고자 할 때 어떤 행동을 해야 하는지 알아내야 했다. 나는 린지에게 훈련을 계속할 방법을 알아내도록 재차 요구했다. 철인 3종 경기와 운동선수로서의 정체성은 린지가 삶에서 잃으면 안 되는 것이었다.

린지는 내 요구에 조금 머뭇거렸다. 나는 그녀를 조금 더 밀어붙이기로 했다. 나는 그녀에게 이별 후 상심을 회복하는 방법을 다룬 한 연구 논문에 관해 이야기했다. 그 연구에서는 마음의 상처를 더 건강하고 더 빠르게 회복하게 만드는 단 하나의 강력한 변수를 찾아냈다. 그것은 상실한 존재를 대체할 다른 존재를 찾는 일이었다. 그러나 이는 사람들이 대부분 망설이는 일이기도 하다. 사랑을 상실한 사람이 바로 소개팅을 하거나 사랑하는 반려동물을 잃은 사람이 이내 새로운 반려동물을 입양하는 일은 어딘가 부적절하고, 너무 이르고, 어색하고, 불충하고, 부당하고, 또 그냥 잘못된 거처럼 생각될 수 있다. 그럼에도 불구하고 새로운 사랑(혹은 반려동물)을 찾는 방법은 사랑의 상실로 인한 스트레스와 슬픔을 효과적으로 덜어준다는 사실이 밝혀졌다. 헤어진 사람이나 죽은 반려동물에 대한 애착을 줄여주기 때문이다.

물론 시간도 중요한 요소다. 캐시가 리치와 헤어진 후 바로 다음 날 서둘러 다른 사람을 만나기 시작해야 했을까? 당연히 그렇지는 않다. 벤은 보버가 죽은 뒤 동물병원을 나오는 길에 새로운 반려견을 입양하기 위해 근처 동물보호소로 갔어야 했을까? 물론 그것도 아니다. 그러나 '마음의 상처가 완전히 회복될 때'까지 기다린 후에야 새로운 사랑을 할 수 있다고 생각할 필요는 없다.

힘든 이별을 겪은 후 다시 데이트를 시작한다면 쉽게 마음을 열지 못할 수 있다. 하지만 좀 더 알고 싶은 누군가를 만났다면, 그에게 당신의 상황을 이야기하거나 관계의 진전 속도를 조금 천천히 하고 싶다고 먼저 얘기해주어도 좋다.

새로운 사람과 사랑을 시작하는 것이 자연스러운 것처럼, 새로운 반려동물을 키우는 일 또한 사랑을 되찾는 긍정적인 모험을 시작하는 거라고 생각하면 어떨까.

반려동물의 죽음으로 계속 슬퍼하고 있다면 새로운 반려 동물을 좋아할 수 없을거라는 걱정이 앞설 수 있다. 그러나 동물들은 사람의 마음을 사로잡는 데 능숙하므로, 걱정하지 않아도 될 것이다.

린지는 스스로 새로운 고양이를 키울 준비가 되었는지 알 수 없었다. 그러나 린지가 철인 3종 경기 선수로서의 삶을 이어가야 한다고 생각한 것은 나만이 아니었다. 몇 주 뒤, 린지의 생일날 그녀의 남편과 자녀들은 큰 상자를 그녀에 게 선물했다. 안에는 새끼 고양이가 있었다. 다음 날 아침, 린 지는 새끼 고양이를 지하실로 데려가 실내용 자전거의 앞쪽 받침대에 올려놓았다. 그런 다음 자전거에 올라타 운동을 시작했다.

...

슬픔을 회복하는 일은 마음을 정리하겠다는 당신의 굳은 결심으로부터 시작된다. 이 싸움에는 용기와 투지, 그리고 다음과 같은 지식과 인식이 필요하다.

- 나의 마음이 내게 어떤 해로운 영향을 미치고 있는지 파악하고, 나를 좌절시키는 건강하지 못한 충동과 습관에 맞선다.

- 과거의 기억이나 상실의 흔적에 집착하려는 중독성향을 이겨낸다.

- 자기자비를 실천하여 자존감을 복구한다.

- 상실을 강박적으로 떠올리지 않도록 마음챙김 명상을 활용한다.

- 상실로 생긴 내 마음의 빈 곳을 인식하고 그곳을 채우기 위해 노력한다.

- 내가 누구인지 알게 하는 나의 본질에 다시 닿을 수 있도록 한다.

마음이 슬픔에 잠식당했다 할지라도 당신이라는 존재까지 그 슬픔에 무너질 필요는 없다. 설령 당신이 준비되지 않다고 느낄 때조차 상심을 이겨낼 힘이 당신에겐 있다. 그리고 당신의 마음을 조절하여 치유의 길로 접어들 수 있다. 정서적 고통은 영원한 벗으로 곁에 두어서도, 둘 필요도 없다.

당신 힘으로 그 슬픔을 떠나보낼 수 있다.

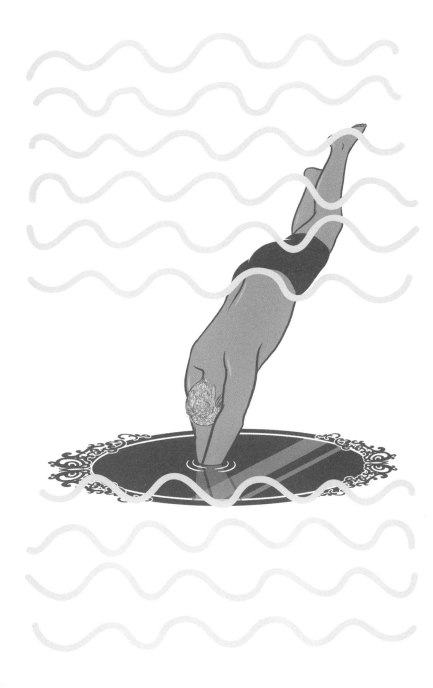

기억할 것,
슬픔은 눈에 보이지 않는다

　　나는 지난 20년 동안 이별의 슬픔으로 고통스러워하는 많은 분을 치료해 왔다. 나는 그들 대부분을 또렷이 기억한다. 놀랄 일은 아니다. 그분들의 사례가 워낙 강렬하기도 하고, 막 상심에 빠진 사람의 생생한 슬픔과 고통을 잊기 어렵기 때문이기도 하다. 나와 마주 보고 앉은 환자가 10대 청소년이라면 더욱 그렇다. 폭풍 같은 호르몬의 영향을 받는 사춘기 특유의 강렬함, 쉽게 고조되는 감정, 그리고 서툰 순진함을 겸비한 이들은 슬픔의 취약 계층이다.

　　그중 그레그라는 소년이 또렷이 기억난다. 그레그는 매

우 똑똑한 17살의 평범한 소년이었다. 그레그는 최근 자신이 동성애자임을 커밍아웃했는데, 다행스럽게도 이것을 과시하고 다니지는 않았다. 이성애자 고등학생들과 달리 성소수자 청소년은 연애할 대상의 선택 범위가 훨씬 좁은 편이다. 그레그는 데본을 거의 2년 동안 좋아했다. 고학년인 데본은 그레그의 학교에서 유일하게 동성애자라고 밝힌 두 명 중 한 명이었다.

커밍아웃하고 한 달 뒤, 마침내 용기를 낸 그레그는 점심시간에 데본에게 마음을 고백했다. 그러나 10대들이 으레 그렇듯 데본은 매우 빠르고 쓸데없이 잔인하게 그레그를 거절했다. 그레그는 수치스럽고 처참한 기분으로 역사 수업으로 발길을 돌려야 했다. 이번 시간에는 중요한 시험이 예정되어 있었다. 그레그는 역사 시간에 늘 자신과 옆자리에 앉는 친한 친구와 잠시 이야기를 나누고 싶었다.

그러나 친구는 보이지 않았다. 나중에 알게 되었는데, 친구는 점심시간에 농구를 하다가 발목을 다쳐 양호실에 가 있었다. 친구의 부은 발목을 본 역사 교사는 시험을 면제해주고 치료를 받도록 그를 보내준 것이었다. 막막한 마음으로 혼자 남은 그레그는 시험에 집중하려고 애썼다. 시험을 제대로 치르지 못한(거의 시험을 망친) 그레그는 수업이 끝난 후 역사 선생님을 찾아갔다. 그리고 시험을 칠 때 집중하기 어려웠던 이유를 설명했다. 역사 선생님은 연민이나 공감을 보이는 대신 변명만 늘어놓는다며 그레그를 꾸짖었다.

이 사례는 학교에서 정서의 고통을 겪는 학생과 신체의 고통을 겪는 학생을 다루는 방식이 얼마나 다른지 잘 보여주고 있다. 몸에 생긴 상처는 눈으로 확인할 수 있다. 발목이 약간만 부어도 붓지 않은 발목과 확연히 다른 것이 보이기 때문이다. 그러나 큰 슬픔으로 무엇에도 집중할 수 없을 때조차도 눈에 보이지 않는 슬픔은 사람들의 공감과 배려를 받기가 힘들다. 사회가 이런 태도로 청소년을 교육한다면 이 아이들은 성인이 되어서도 자신과 타인의 정서적 고통을 이해하지 못하고 슬픔을 무시할 수 있다. 사실 많은 학교가 교사에게 상심에 빠진 학생들을 어떻게 지도해주어야 하는지 가이드를 제시하고 있지 않다. 그러므로 역사 선생님의 무심한 반응은 그다지 놀라운 것은 아니다.

마음의 상처를 받았다고 주장하는 모든 청소년을 시험에

서 면제해줘야 한다는 얘기가 아니다. 이들의 상처나 통증을 외면한 뒤 혼자 억누르게 하지 않아야 한다는 얘기다. 사랑의 슬픔에 허덕이는 건 경험이 부족하고 열정은 넘치는 10대의 특징이다. 이들의 아픔을 인정하고, 필요하다면 새로운 기회를 제공해야 한다. 물론 청소년들이 매일 일상적으로 겪는 고민이나 혼란과 특별히 긴급하고 심각한 상황을 구별하는 게 쉬운 일은 아니다.

우리는 슬픔이 사람의 감정과 인지 기능에 얼마나 심각한 악영향을 미치는지 밝히기 위해 더 많은 대화가 간절하다. 열린 대화를 하기 위해서는 마음의 상처로 인한 극심한 감정의 고통을 유치하다거나 당혹스럽거나 부적절한 것으로 생각하지 않아야 한다. 아이나 어른이나 뼈가 부러지면 똑같이 아프듯, 슬픔의 통증을 적게 느끼거나 많이 느끼는 나이가 있는 것이 아니다.

사람들은 사랑하는 존재의 상실로 인해 며칠, 몇 주, 혹은 몇 달 동안 거의 견딜 수 없는 정서적 고통을 겪는다. 이때 건강을 해치는 스트레스가 동반된다. 슬픔은 뇌의 회로를 자극해 금단증상을 일으킨다. 이런 증상은 코카인이나 헤로인 중독자들이 경험하는 금단증상과 유사하다. 그 결과 정신을 집중하고, 창의적으로 생각하고, 문제를 해결하고, 평소의 역량으로 제대로 작업을 수행하는 능력은 저하된다. 자신의 일부와도 같던 존재가 사라졌을 때 우리는 삶 전체가 새로 시작되는 거처럼 느끼기도 하고, 혼란에 빠져 자신의 정체성을 새로 정의해야 하는 문제에 직면하게 된다.

상심으로 인한 이런 개인의 고통은 사회 전반에서 거의 인정받지 못하고 있다. 이러한 공감과 지지의 부재는 슬픔의 당사자를 더 힘들게 만든다. 학교나 직장, 의료보험제도는 이혼이나 사별처럼 공식 명칭이 없는 슬픔이라면 그것에 어떤 위로나 도움도 제공하지 않는다.

반대로 공식적인 애도가 허락된 슬픔을 겪는다면 우리가 실제 느끼는 슬픔의 규모와 상관없이 사회는 그에 따라 인정과 배려를 제공한다.

게다가 사람들은 자신이 얼마나 큰 슬픔에 빠졌는지 숨기려고 애쓰는 데 큰 에너지를 소모한다. 다른 이들로부터 너무 감정적이고 미숙하거나 나약하다는 판단을 받을까 두려워서다.

사회적으로 무시당하는 이런 슬픔에 관해 나는 단지 내가 마음의 상처가 있는 환자들을 많이 보아왔기 때문에 우려를 표하는 게 아니다. 사회에서 인정받지 못하는 슬픔에 관한 연구에 따르면, 사회가 슬픔을 인정하지 않을 때 사람들은 그런 사회의 기준을 내면화하고 사회의 잣대에 따라 자신의 감정과 반응이 타당하지 않은 것으로 생각하게 된다. 또한, 슬픔을 외적, 내적으로 인정받지 못하면 건강하게 사회생활을 지속하는 게 어려워지며, 우울증이 생길 위험이 커진다.

정서적 고통이 눈으로 볼 수 있는 것이었다면 마음의 상처가 이토록 오랫동안 사회에서 무시된 채 남아 있지 않았을 것이다. 다리나 팔이 부러지면 부목이나 붕대를 감는다. 붕대는 곧 아픔의 증거다. 그러나 보이지 않는 마음의 상처가 훨씬 위험할 수 있다. 골절보다 더 극심한 인지적, 감정적, 심리적 장애를 가져올 수 있기 때문이다.

회사는 대부분 '정신건강의 이유'를 공식적으로 허용하고 제도화하는 것을 주저한다. 직원들이 그런 제도를 부당하게 이용할 것을 염려하기 때문이다. 그러나 이러한 추측은 대단히 근시안적인 판단이다. 직원들에게 치유의 시간과 지원을 제공하지 못하면 시간이 지날수록 제대로 업무를 수행할 수 없는 직원들에게 아무런 결실 없는 부담만 지우게 된다.

직장이나 학교에서 몸이 아픈 직원이나 학생에게 회복의 시간을 제공하듯 마음이 아픈 사람들에게도 배려를 지원한다면 그들은 더 빨리 완전한 생산력을 다시 갖출 것이다.

학교에서 정서의 고통이 신체의 고통만큼 사람을 힘들게 한다는 기본적인 사실을 인정한다면 교육자가 슬픔을 겪는 학생들에게 지원과 지지를 보낼 수 있도록 지도할 수 있다.

우리 사회는 어린 학생들이 점차 커가면서 반드시 겪게 되는 상실의 슬픔에 대비할 수 있게 왜 조치하지 않을까? 그들에게 슬픔을 이해하는 방법과 그 고통을 악화시키는 실수를 피하는 법, 마음 건강을 유지하는 습관에 대해 가르치지 않을 이유가 없다. 하지만 우리는 학들에게 그런 방법들을 가르치지 않는다.

정서적 고통이 눈에 보이면 우리는 지금과는 매우 다르게 행동할 것이다. 사랑하던 사람과 헤어진 친구가 슬픔을 말할 때 우리가 실제로 그의 마음이 피를 철철 흘리는 모습을 볼 수 있다고 생각해보라. 슬픔을 눈으로 볼 수 있다면 우리는 사귀던 사람과 헤어질 때 더 배려 있게 행동할 것이고, 다른 사람을 거절할 때도 쓸데없이 잔인하게 굴지 않을 것이다. 혹은 비통한 표정으로 혼자 앉아 있는 사람을 보았을 때 그에게 다가가 줄 것이다. 친구나 사랑하는 사람이 상심을 극복하지 못할 때도 지금보다 더 인내하고 덜 비판할 것이다. 또한, 나 자신의 슬픔도 더 잘 이해하고, 자기자비를 실천하고, 고통을 덜 부끄러워하게 되고, 필요한 도움을 청하기 위해 더 마음을 열 것이다.

하지만 제도적인 지원이 부족하고, 슬픔을 눈으로 볼 수 없다 하더라도 우리에게 아무런 방어 능력이 없는 것은 아니다. 지금 당장 정서적 고통을 완화하고 회복 속도를 높이고 상처를 치유하기 위해 할 수 있는 일들이 있다(그리고 우리가 해서는 안 되는 일들도 있다). 어떤 실수를 피해야 하는지 이해하고, 마음 건강을 유지할 방법을 알아낸다면, 더는 슬픔을 달래기 위해 우리가 통제할 수 없는 시간에 의존하지 않아도 된다.

우리는 누구나 사랑하는 존재를 잃고, 그들을 보내주며

살게 된다. 그러므로 상실의 슬픔은 누구에게나 찾아온다. 이제 우리는 눈을 크게 뜨고 그것을 확인할 때다. 그렇게 해야만 우리는 진정 마음의 상처를 치유하고 앞으로 나아갈 수 있다.

바텔스, 안드레아스, 세미르 제키, '뇌신경으로 본 낭만적인 사랑의 근거The Neural Basis of Romantic Love' 〈뉴로리포트 저널NeuroReport 11, 17호(2000)〉

바우마이스터, R. F., J. M. 트웬지, C. K. 누스, '인지 과정에 대한 사회적 배제의 영향: 예상된 외로움이 지능적 사고를 낮춘다Effects of Social Exclusion on Cognitive Processes: Anticipated Aloneness Reduces Intelligent Thought', 〈성격 및 사회심리학 저널Journal of Personality and Social Psychology〉 83, 4호, 2002, p.817-27

뷜렌, 폴 A., 앨버트 레인셰스, '연인과 이별한 후에 나타나는 정서 문제의 부정적 인식Negative Cognitions in Emotional Problems Following Romantic Relationship Break-ups', 〈스트레스와 건강 저널Stress & Health〉 25, 1호, 2009, p.11-19

브레인스, 율리아나 G., 세레나 첸, '내적 돌보미의 활성화: 자기연민를 늘리는 지원 제공 도식의 역할Activating the Inner Caregiver: The Role of Support-Giving Schemas in Increasing State Self-Compassion', 〈실험사회심리학 저널Journal of Experimental Social Psychology〉 49, 1호, 2003, p.58-64

코르다로, 밀리, '반려동물의 상실과 인정받지 못하는 슬픔: 정신건강 상담 치료에 미치는 영향Pet Loss and Disenfranchised Grief: Implications for Mental Health Counseling Practice', 〈정신건강 상담 저널Journal of Mental Health Counseling〉 34, 4호, 2012, p.283-94

필드, 티퍼니, '이별, 상심, 사별-사랑하는 사람의 이별Romantic Breakups, Heartbreak and Bereavement—Romantic Breakups', 〈심리학 저널Psychology〉 2, 4호, 2011, p. 382-87

피셔, 헬렌 E, 샤오밍 수, 아서 에런, 루시 L. 브라운, '강렬하고 열정적이고 낭만적인 사랑: 자연스러운 중독일까? 연애와 중독물질을 각각 조사하는 분야들의 정보 공유 방법Intense, Passionate, Romantic Love: A Natural Addiction? How the Fields That Investigate Romance and Substance Abuse Can Inform Each Other', 〈심리학 프런티어 저널Frontiers in Psychology〉 7:687, 2016

개리멜라, 키란, 잉마르 웨버, 소냐 달 신, "'사랑해'에서 '나를 혼자 내버려둬'에 이르기까지-트위터에서 생기는 사랑의 이별From 'I Love You Babe' to 'Leave Me Alone'—Romantic Relationship Breakups on Twitter', 〈제6회 사회정보학에 관한 세계학회International Conference on Social Informatics(SocInfo)〉, 2014, 인터넷 주소: arXiv:1409.5980[cs.SI]

퀴네, 필리프 M, 블라디미르 보스타노프, 보리스 코츄베이, 마르틴 하우칭거, '마음챙김 대 반추사고와 행동억제: 전두부 두뇌 비대칭에 관한 연구의 전망Mindfulness Versus Rumination and Behavioral Inhibition: A Perspective from Research on Frontal Brain Asymmetry', 〈성격과 개인차 저널Personality and Individual Differences〉 53, 3호, 2012, p.323–28

녹스, 데이비드, 마티 E. 주스먼, 멀리사 칼루즈니, 크리스 쿠퍼, '대학생이 마음의 상처에서 회복하는 방법College Student Recovery from a Broken Heart', 〈대학생 저널 College Student Journal〉 34, 2000, p.322–24

크로스, 에단, 마크 G. 버먼, 월터 미셸, 에드워드 E. 스미스, 토르 D. 웨이저, '사회적 거부가 체성감각 표현을 신체적 고통으로 공유한다Social Rejection Shares Somatosensory Representations with Physical Pain', 〈미국국립과학원 회보 Proceedings of the National Academy of Sciences〉 108, 15호, 2011, p.6270–75

〈상심증후군Broken Heart Syndrome〉, 〈인도의 의학 저널Journal of the Association of Physicians of India 64, 2016), p.60–63

메이슨, 애슐리 E, 리타 W. 로, 어맨다 E. B. 브라이언, 로버트 M. 포틀리, 데이비드 A 스바라, '이별에 맞서기: 이별 이후의 적당한 자아개념회복에 관한 근전도검사법 반응Facing a Breakup: Electromyographic Responses Moderate Self-Concept Recovery Following a Romantic Separation', 〈인간관계 저널Personal Relationships〉 19, 2012, p.551–68.

멜로이, J. 리드, 헬렌 피셔, '스토킹의 신경 생물학에 대한 단편적 고찰Some Thoughts on the Neurobiology of Stalking', 〈법과학 저널Journal of Forensic Sciences〉 50, 6호, 2005, p.1472-80

로벡, 로스티슬로 W, 스티븐 P. 와이츠먼, '젊은이들의 사랑의 상실에 대한 슬픔: 인정받지 못하는 슬픔에 관한 실증적 연구Grieving the Loss of Romantic Relationships in Young Adults: An Empirical Study of Disenfranchised Grief', 〈오메가: 죽음에 관한 저널OMEGA: Journal of Death and Dying〉 30, 4호, 1995, p.269-81

사프리, 콜린, 매리언 에렌버그, '생각이 고통스러울 때: 애착, 반추사고, 관계이후 적응When Thinking Hurts: Attachment, Rumination, and Postrelationship Adjustment', 〈인간관계 저널Personal Relationships〉 14, 3호, 2007, p.351-68

옮긴이 **이경희**

고려대학교 대학원에서 영어번역학을 전공했다. 글밥 아카데미
에서 출판번역 과정을 마친 후 현재 바른번역 소속 번역가로 활
동하며 좋은 글을 번역하는데 행복한 에너지를 쏟고 있다. 옮긴
책으로는 『원워드』 『왜 그들이 이기는가』 『히스토리』 『5분 작가』
『철학의 책』 『심리의 책』 『더그래픽북』 『위대한 예술』 등이 있다.

상실을 이겨내는 기술

초판 1쇄   2020년 6월 22일

지은이   가이 윈치
펴낸이   서정희
펴낸곳   매경출판㈜
옮긴이   이경희
책임편집   홍은비
마케팅   신영병 이진희 김보은
디자인   김보현 이은설

매경출판㈜
등록   2003년 4월 24일(No. 2-3759)
주소   (04557) 서울시 중구 충무로 2(필동1가) 매일경제 별관 2층 매경출판㈜
홈페이지   www.mkbook.co.kr
전화   02)2000-2610(기획편집) 02)2000-2636(마케팅) 02)2000-2606(구입 문의)
팩스   02)2000-2609   **이메일**   publish@mk.co.kr
인쇄 · 제본   ㈜M-print   031)8071-0961
ISBN   979-11-6484-141-7(04180)

이 도서의 국립중앙도서관 출판예정도서목록(CIP)은 서지정보유통지원시스템 홈페이지(http://seoji.nl.go.kr)와
국가자료공동목록시스템(http://www.nl.go.kr/kolisnet)에서 이용하실 수 있습니다.
(CIP제어번호: CIP2020024338)